Como extrair preciosas lições dessa dor

Wanderley Oliveira

DEPRESSÃO E AUTOCONHECIMENTO
COPYRIGHT © 2012 BY WANDERLEY OLIVEIRA
1ª EDIÇÃO / JULHO 2012/ DO 1º AO 5º MILHEIRO
1ª REIMPRESSÃO | MARÇO 2019 | 6º 8º MILHEIRO
IMPRESSÃO SOB DEMANDA XXXXXXX

DADOS INTERNACIONAIS DE CATALOGAÇÃO PÚBLICA

OLIVEIRA, WANDERLEY

    Depressão e autoconhecimento: como extrair preciosas lições desta dor.
Wanderley Oliveira.
Belo Horizonte, MG: Dufaux, 2012.

    214 p. 16 x 23 cm

    ISBN 978-85-63365-24-8

    1. Espiritismo   2. Autoconhecimento   3. Depressão
    I. Oliveira, Wanderley   II. Titulo

CDU 133.9

Impresso no Brasil   Printed in Brazil   Presita en Brazilo

EDITORA DUFAUX
Rua Contria, 759, Alto Barroca
Belo Horizonte – MG - Brasil CEP: 30.431-028
Telefone: (31) 3347-1531
comercial@editoradufaux.com.br
www.editoradufaux.com.br

Conforme novo acordo ortográfico da língua portuguesa ratificado em 2008.

Todos os direitos reservados à Editora Dufaux. É proibida a sua reprodução parcial ou total através de qualquer forma, meio ou processo eletrônico, digital, fotocópia, microfilme, internet, cd-rom, dvd, dentre outros, sem prévia e expressa autorização da editora, nos termos da Lei 9.610/98 que regulamenta os direitos de autor e conexos.

Depressão e autoconhecimento

como extrair preciosas lições dessa dor

Wanderley Oliveira

Série Autoconhecimento

"Toda doença é uma mensagem direta dirigida a você, que lhe diz que você não tem amado quem você é, nem se tratado com carinho a fim de ser quem você é. Essa é a base de todo tratamento." [1]

Barbara Ann Brennan

[1] BRENNAN, Barbara Ann. Saúde, um Desafio para Você ser Você Mesmo. *Mãos de Luz*. Editora Pensamento.

"Depressão – condição mental da alma que começa a resgatar o encontro com a verdade sobre si mesma depois de milênios nos labirintos da ilusão."[2]

Ermance Dufaux

"Sem amor a vida não floresce. Sem amor nada tem sentido. A depressão não é um castigo de Deus. É uma construção humana. E tudo o que se planta gera uma colheita. Toda colheita pode ser depurada, aprimorada, selecionada, até se atingir o fruto desejado. E como nada é definitivo no universo, tudo vai passar."

Wanderley Oliveira

---

[2] Escutando sentimentos, obra mediúnica de autoria espiritual de Ermance Dufaux e psicografia de Wanderley Oliveira, capítulo 5, Editora Dufaux.

Sumário

Esperança é o alimento que vem de longe _____ 12
Maria José da Costa

Prefácio _____ 21 *Jaider Rodrigues de Paulo*

Apresentação _____ 25
Como extrair preciosos diamantes no solo do coração

Introdução _____ 29
Uma jornada luminosa ao encontro de seus talentos

Capítulo 01 _____ 34
Quando existe, realmente, um quadro de depressão?

Capítulo 02 _____ 40
Gatilhos e causas multifatoriais da depressão

Capítulo 03 _____ 48
Sobre qual depressão esta obra trata

Capítulo 04 _____ 56
Proposta terapêutica deste livro

Capítulo 05 _____ 64

Como é construída a depressão

Capítulo 06 _____ 74 *Efeitos do*

egoísmo na casa mental

Capítulo 07 _____ 86

O egoísmo e as três feridas evolutivas da alma

Capítulo 08 _____ 96

Apego, a raiz do sofrimento humano

Capítulo 09 _____ 104

Um sentido para viver

Capítulo 10 _____ 112

A libertação da depressão por meio da educação emocional

Capítulo 11 _____ 120

O primeiro passo – aprender a função sagrada das emoções

Revolta, um termômetro da aceitação

Significado libertador do sentimento de tristeza

A culpa diante das expectativas

Capítulo 12 _____ 136

O segundo passo – aprender a tratar-se com bondade

Reciclar seu sistema de crenças pessoais

A perda da ilusão da perfeição

A terapia da aceitação

Mensagem de meditação – "O que mais sofremos"

Capítulo 13 _____ 158

Caso ilustrativo de rebeldia em aceitar a realidade

Capítulo 14 _____ 166

Exercício: o que você tem dificuldade para aceitar?

Capítulo 15 _____ 170

O terceiro passo – desarmar os gatilhos depressivos

Capítulo 16 _____ 174

Importância espiritual da meia-idade

Capítulo 17 _____ 182

O que uma depressão pode fazer COM você e POR você

Capítulo 18 _____ 188

Depressão, mediunidade e obsessão

Capítulo 19 _____ 196

Prece da Gratidão pela Vida

"E, se os deixar ir em jejum, para suas casas, desfalecerão no caminho, porque alguns deles vieram de longe." [1]

Marcos

---

1   Marcos 8:3

Esperança é o alimento que vem de longe

Ao receber o convite para traçar algumas linhas sobre este livro, minha primeira reação foi achar que não seria necessário, pois não teria o que dizer como editora da obra, uma vez que, ao revisá-la e publicá-la, a minha aceitação a respeito do conteúdo já estaria expressa. Foi, então, que o autor e um médico, amigo querido que me trata há 13 anos, me disseram quase a mesma coisa: "Fale como uma pessoa que tem a depressão e que já vem, há longo tempo, tentando extrair lições desta dor".

Espero que a minha experiência com o trato dessa doença possa servir de ajuda e estímulo a você, leitor. Na esperança de que você seja mais decidido e corajoso do que eu, e não perca as oportunidades que a vida lhe der para buscar a autocura.

Custei muito a aceitar a depressão. Na verdade, tratei por 14 anos de uma insônia crônica, por meio da homeopatia, sem jamais cogitar, muito menos aceitar, ter depressão. Sempre fui uma pessoa alegre, otimista e amorosa. Só que também era ansiosa, tinha um desejo intenso de fazer tudo muito certo, extremamente organizada e, consequentemente, achava que sempre tinha razão, e por isso me irritava com facilidade. Mas sempre por uma *causa justa,* acreditava.

Após fazer o baile de debutante (15 anos de tratamento) na homeopatia, recebi cartão vermelho e fui encaminhada para um psiquiatra. Imagina! Consultar um médico de doido! Logo *euzinha,* tão normal! Como assim? Não estava jogando pedra em ninguém (ainda). No entanto, minha insônia e os demais problemas emocionais estavam *apertando muito os meus calos* e não tive alternativa. Eu me rendi, por puro esgotamento, tanto de energia como de argumentos. Marquei a consulta, bem escondidinho da minha família e dos companheiros de Doutrina. Imagine se alguém descobre! Afinal, já era mãe de família, trabalhadora da Doutrina e coordenadora de várias atividades havia mais de 20 anos!

E lá fui eu, preparadíssima para convencer o médico, que Deus o guarde até hoje, de que não tinha depressão e nenhuma doença (principalmente da cabeça). Afinal, eu trabalhava, cuidava extremamente bem da casa e dos filhos, cumpria rigorosamente com minhas obrigações, passeava e participava de várias atividades. Tudo coisa de gente normal, tinha plena certeza.

Ao iniciar a entrevista, dentre tantas perguntas que o médico me fez, há uma que não esqueço. Ele me perguntou: "Como você cuida de sua casa?" Quando ele fez esta pergunta, eu abri um sorriso e respondi toda orgulhosa: "Do maleiro do meu quarto ao gaveteiro da despensa, se o senhor pedir para eu achar qualquer coisa dentro de casa, daqui, por telefone, eu peço para a alguém pegar. Sei onde está cada coisa!" Ah, como me fazia bem ter o cuidado (e o controle) de tudo!

Após uma consulta de quase uma hora e meia, onde tentei, de todas as maneiras, questionar a possibilidade de ter a doença, o médico me deu a *sentença*: "Você vai se tratar de depressão, pois apresenta *alguns traços* dela" (mais tarde, percebi que tinha todos). E, caridosamente, ele disse: "Tome este remédio por um mês. Se você não sentir nenhuma melhora, volte aqui e me mostre que não tem depressão. Então vou concordar que você não tem nada, rasgo meu diploma e paro de clinicar." Mediante este ultimato, engoli minha arrogância, peguei a receita, agradeci com um muxoxo e saí meio tristinha.

Aconteceu que, depois de exatos 21 dias de uso da medicação, eu melhorei demais. Passei a dormir melhor, meu nível de energia aumentou, minha ansiedade e angústia diminuíram e minha mente se asserenou. Ali começava, para mim, meu processo de autocura, que, diga-se de passagem, continua até hoje! Passei tão bem e fiquei tão feliz que, com o tempo, perdi o medo e a vergonha de estar me tratando de depressão. Passei a falar para a família e os amigos dos benefícios do tratamento e, no fim das contas, muitos insistiram em fazer uma visitinha ao doutor.

Continuo nesta empreitada com mais alegria e menos rebeldia, não só com o tratamento médico, mas com suporte psicoterápico e tratamento espiritual constante, e quando acho que já matei todos os leões que dizem que temos de matar numa vida, lá vem mais! Os desafios do crescimento não param e, quando damos mais um passo adiante, somos convidados a continuar na caminhada, enfrentando com coragem os processos do crescimento espiritual.

Preciso abrir um parêntese, e bem grande, para agradecer e falar da importância do apoio familiar e dos amigos. São eles que nos ligam à vida nos momentos mais difíceis das crises – e como há momentos quase insuportáveis! E haja Deus para nos dar família e amigos!

Mesmo com tantas buscas, ao me deparar com esta obra, percebi, um tanto contrariada, que há muitos pontos para trabalhar em mim mesma. A forma como o autor aborda a depressão chama a atenção para um fator importantíssimo no processo de conscientização e autocura: a solução não está fora, e sim dentro de nós mesmos. Alerta-nos para realidades pessoais que nos convidam ao autoenfrentamento, tão desafiador, mas necessário.

Então, não desista! É necessário aceitar o convite sábio da enfermidade, pois só assim saberemos quem somos e do que realmente precisamos. Gastaremos um bom tempo (e sabe lá Deus quanto tempo a rebeldia vai nos fazer gastar) para chegarmos mais perto de nós mesmos. Uns irão mais rápido, outros mais devagar, mas cada um tem o seu tempo. Só não deixe o seu passar em vão. Vá à luta por sua melhora. Mesmo que capengando, não deixe de caminhar. Resista! Peça ajuda, ela nunca falta! Descubra seu ritmo, mas não pare. Mesmo que, às vezes, não consiga dar um passo adiante, aguarde, na expectativa de que os valores sublimes que Deus plantou em sua alma encontrem espaço para desabrochar logo ali, mais à frente.

Se alguém me perguntar qual a medicação mais eficaz para esta doença, eu afirmo sem medo de errar: ESPERANÇA! Foi ela que me trouxe até aqui e me dá forças para continuar.

É com ESPERANÇA que conseguiremos ficar de pé (mesmo que, de vez em quando, deitadinhos numa caminha irresistível) diante de crises, e que Deus as tenha, passageiras!

E a respeito da ESPERANÇA, divido com você uma orientação espiritual que recebi em 2008, na sede da Sociedade Espírita Ermance Dufaux, aqui em Belo Horizonte, pelo espírito de dona Maria Modesto Cravo, em um momento de muito sofrimento:

> "Todos viemos de longe, minha filha. Famintos de esperança e estropiados. Cansados e aflitos. Viemos para a reencarnação abençoada, na busca de recuperar o esbanjamento dos bens celestes que outrora marcou nossa caminhada. Este é o momento da vitória, conquanto a sensação dilacerante de fracasso. Levante a cabeça e siga adiante. Tudo passa. Tenha esperança e resistência, porém, observe que resistência sem autoamor exaure.

Esperança é o alimento de quem vem de longe, e como nos diz o versículo de Jesus, Ele não nos deixará seguir em jejum. O alimento existe. Sempre existirá. Esperança é a energia que preenche o coração e faz-nos sentir que todos, sem exceção, somos Filhos de Deus, e, portanto dotados dos mais ricos recursos para superar todas as nossas provas e capazes de trilhar rumo à nossa libertação definitiva."

Que Deus nos ampare e abençoe!

Maria José da Costa
Belo Horizonte, julho de 2012.

"Todos viemos de longe, minha filha. Famintos de esperança e estropiados. Cansados e aflitos. Viemos para a reencarnação abençoada, na busca de recuperar o esbanjamento dos bens celestes que outrora marcou nossa caminhada. Este é o momento da vitória, conquanto a sensação dilacerante de fracasso. Levante a cabeça e siga adiante. Tudo passa. Tenha esperança e resistência, porém, observe que resistência sem autoamor exaure."

Ao iniciar uma nova era para a humanidade, muitos conceitos e ideias já consagrados como verdadeiros estão sendo abalados em seus alicerces por pesquisas, avanços tecnológicos e outros instrumentos usados para uma maior aproximação da verdade, em especial no que tange à existência.

A mente humana também está sendo alvo de intensas pesquisas, principalmente pela neurociência, que busca, por meio de um entendimento mais robusto do funcionamento do cérebro, desvendar os meandros do psiquismo humano. Conquanto se possa progredir muito no entendimento dos efeitos, não se atingem as causas, que jazem no Espírito.

Isso faz com que vários livres-pensadores do comportamento humano, familiar e social busquem, também, maiores recursos, tanto na observação quanto na experimentação, a fim de melhor arregimentar seus conhecimentos para uma abordagem mais próxima da realidade que nos cerca e atinge.

Nesse contexto, temos a depressão, que grassa assustadoramente no concerto mundial, deixando alarmada a ciência médica, social e pública pela alta prevalência com que vem assolando a humanidade, tanto em relação ao sofrimento que produz como ao alto custo que onera a sociedade de forma geral.

A presente obra é uma hipótese de trabalho numa tentativa séria de ampliar o entendimento e buscar minorar o sofrimento de tantos quantos passam por essa terrível enfermidade.

Tem ela como alvo demonstrar aos que padecem desse mal que o cerne da questão vige dentro do próprio enfermo, assim como a cura ou a melhora, sendo o acometido expressivo participante desse processo. O apelo socrático "conhece-te a ti mesmo" faz um verdadeiro divisor cognitivo nas páginas que compõem esta obra.

Não tem o autor preocupações acadêmicas ou científicas, embora busque recursos no pensamento de vários estudiosos do assunto. É uma abordagem interessante em si mesma, porque tangencia a visão espiritualista do ser, o que gera uma incursão observatória da intencionalidade, consciente ou não, de cada um em seu comportamento nas interações pessoais em sua existência.

Para muitos pode parecer que o autor não apresenta nada de novo. Entretanto, faz ele correlações interessantes, proporcionando uma sequência plausível da possibilidade de determinados fenômenos psíquicos estarem ocorrendo e serem os causadores de conflitos comportamentais, que, por si mesmos, são inadequados e podem ser propiciadores da depressão, das dificuldades do seu tratamento e das constantes recaídas que os pacientes apresentam.

É uma obra que merece ser lida, analisada, meditada e as sugestões que, porventura, falem ao íntimo, devem ser colocadas em prática pois, no mínimo, oferece uma visão profunda de nossas mazelas internas e vasta possibilidade de melhorar a relação conosco mesmos e com os semelhantes, construindo uma vida mais saudável.

Remete-nos a reflexões não somente no que tange ao processo depressivo, mas às nossas dificuldades existenciais em geral, pois é um apelo ao posicionamento consciente diante da vida. Entende-se que a intenção do autor é dar uma visão comportamental e de profunda implicação Espiritual, já que o Espírito é o fundamento da vida, e que chegar a Deus, o Criador, é o objetivo maior de todos nós.

Jaider Rodrigues de Paulo
Belo Horizonte, julho de 2012.

"Tem ela como alvo demonstrar aos que padecem desse mal que o cerne da questão vige dentro do próprio enfermo, assim como a cura ou a melhora, sendo o acometido expressivo participante desse processo."

Apresentação

Como extrair preciosos diamantes no solo do coração

Perguntaram a Michelangelo como ele criava esculturas tão magníficas a partir de um bloco de mármore frio: "Como criou tamanha beleza, tanta divindade que é a *Pietà*? Como infundiu tanta magnificência ao *Davi*?"

Conta-se que Michelangelo respondeu: "Não fiz nada. Deus os colocou dentro do mármore, já estavam lá, apenas tive de retirar as partes que não permitiam que você os visse. Quando olho um bloco de mármore, vejo a escultura dentro. Tudo o que tenho de fazer é retirar as aparas".

Todos nós somos obras de arte criadas por Deus e entregues ao processo da evolução, no intuito de manifestarmos nossa beleza e valor particular.

A obra de arte de nossa existência está, muitas vezes, coberta por anos de medos, culpas, indecisões, adiamentos, carências, desrespeito aos nossos desejos – atitudes que expressam um processo interior de conflito persistente. Mas, se decidirmos tirar essas aparas, se aprendermos a não duvidar de nossa capacidade, seremos capazes de levar adiante a missão que nos foi destinada e aprender a gostar até mesmo daquilo que consideramos uma imperfeição em nós.

Assim como Michelangelo, será importante acreditarmos que temos uma obra de arte a ser insculpida em nós mesmos. Mesmo que não tenhamos essa visão artística do escultor, educar-nos para nos conscientizar e acreditar em nossos valores imortais são os grandes propósitos de uma doença como a depressão. Quase sempre, quem está depressivo recebeu um selo da vida cujo conteúdo diz: "Chega de se comportar de uma forma que te distancia de sua luz. Você merece ser feliz. Movimente-se e descubra como".

Essa descoberta é um verdadeiro garimpo. Exige certo esforço e paciência do garimpeiro, mas o resultado é compensador quando se descobre os diamantes interiores que estão disponíveis para a felicidade eterna.

"Chega de se comportar de uma forma que te distancia de sua luz. Você merece ser feliz. Movimente-se e descubra como."

Introdução

Uma jornada luminosa ao encontro de seus talentos

"*Curai os enfermos (...)*[1]"

Uma perspectiva da depressão que atrai muitos profissionais, cientistas e pensadores é a de que essa dor pode se tornar um caminho de crescimento.

Analisada dessa forma, quando o depressivo consegue atingir a autossuperação e discernir com mais lucidez quais são os recados subjetivos que a alma lhe endereça, ele transforma sua depressão em instrumento de autoconhecimento e desenvolvimento pessoal. A dor interior o faz olhar, inevitavelmente, para si mesmo e entender o que acontece consigo.

Nosso anseio é facilitar uma perspectiva de olhar com sabedoria e maturidade para essa dor causada pela depressão. Cientes de que estamos sob a angústia da doença, fica muito difícil realizar esse movimento interior de libertação. A partir disso, uma longa e progressiva jornada

---

[1] Mateus, 10:8.

luminosa pode acontecer, se houver a cumplicidade do depressivo com sua melhora.

Se acontecer de nos acharmos depressivos ao ler este livro, não nos assustemos. Todos nós que desejamos realmente nos entender e ter uma vida melhor somos candidatos a experimentar algum nível de depressão. Essa descoberta, com certeza, nos levará a sermos alguém melhor e mais feliz ao percebermos que a dor da depressão é apenas uma alavanca para nos estimular a caminhar com mais consciência.

Doloroso é ignorar essa realidade ou não querer enxergá-la. A dor da depressão surge e persiste exatamente por meio da tentativa de fazermos "vista grossa" para algo que precisa ser lapidado, aprimorado.

Esta obra tem uma visão afinada com a proposta de saúde focada em valores e qualidades. Jesus, o Terapeuta do Amor, enunciou: "Curai os enfermos". Ele não falou "curai as enfermidades".

Quando temos um problema ou uma doença, devemos procurar pela habilidade que precisa ser descoberta. Vermos a dor como um sintoma de que algo bom está querendo nascer na nossa vida. Isso reforça a ideia de que quaisquer sentimentos são indicadores de que algo necessita ser desenvolvido. No caso da depressão, é uma pista emocional de que algo muito saudável existe dentro de nós e está pedindo nossa atenção, nossos cuidados.

A depressão é como um alerta da vida para encerrarmos um ciclo de condutas, formas de pensar e de sentir às quais nos encontramos apegados há um longo tempo e que nos distanciam da nossa essência divina, da nossa luz interior. Em casos mais severos da doença, sob a ótica reencarnacionista, o depressivo é um espírito que vem se recusando a olhar para dentro de si mesmo há milênios, preso a ilusões diversas a respeito da vida e de si mesmo.

Talvez o que mais tem faltado a muitos depressivos na atualidade seja uma radiografia emocional realista e prática sobre como a doença acontece, um retrato de sua vida interior e, sobretudo, como lidar com o conjunto dos transtornos íntimos causados pela depressão. Esse é um dos caminhos da cura, da superação desses ciclos emocionais de velhas condutas da criatura. Aprofundaremos o tema da educação emocional em capítulos específicos para esta finalidade.

Este livro foi construído com base em uma perspectiva da depressão que atinge um número muito maior de pessoas do que os indicados nas atuais estatísticas. Foram usados os conceitos da medicina espiritual que classificam depressão bem além de um quadro clínico de tristeza patológica, enveredando pelo conceito do autoabandono, que pode expressar a falta de habilidade do ser humano em saber se cuidar e se amar, em ser seu melhor amigo e acolher suas necessidades pessoais com respeito. Essa é a "depressão que ninguém vê".

As propostas aqui contidas são para todos os que buscam respostas sobre si mesmos. O desespero de não sabermos o que fazer diante das encruzilhadas da vida tem abatido muitas pessoas sinceras. A falta de conhecimento sobre como fazermos nossas escolhas de forma afinada com nossa vontade pessoal ou sobre como adotarmos condutas gestoras de paz e alegria tem causado uma enorme sensação de inutilidade e fracasso, que pode abrir portas para depressões incaracterísticas, porém, tão destruidoras quanto qualquer quadro de dor experimentado por um depressivo grave.

Abriremos algumas janelas que vão expor horizontes otimistas e promissores a todos os que sofrem com essa doença, sejam familiares, amigos, colegas ou o próprio depressivo.

A depressão tem cura, e nossa esperança repousa em auxiliar na construção de um roteiro de autoconhecimento que venha a somar e nos orientar na transformação da nossa dor em uma jornada luminosa e curativa ao encontro de nossos talentos.

Mesmo reconhecendo que isso depende do nosso empenho, tenhamos esperança de alcançar esse objetivo ou, pelo menos, nos aproximarmos ao máximo dele.

Analisada dessa forma, quando o depressivo consegue atingir a autossuperação e discernir com mais lucidez quais são os recados subjetivos que a alma lhe endereça, ele transforma sua depressão em instrumento de autoconhecimento e desenvolvimento pessoal. A dor interior o faz olhar, inevitavelmente, para si mesmo e entender o que acontece consigo.

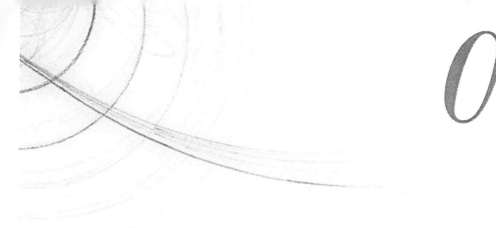

"Diante dessa indústria da felicidade, que alardeia ser possível sentir-se bem o tempo todo, a gente se torna incapaz de ver a tristeza como parte natural da vida." [1]

Allan Horwitz

---

[1] HORWITZ, **Allan.** *A Perda da Tristeza: Como a Psiquiatria Transformou Tristeza Normal em Disfunção Depressiva*, Editora Summus.

Quando existe, realmente, um quadro de depressão?

Não pretendemos aprofundar detalhes sobre aspectos técnicos da depressão, em razão da facilidade de encontrar informações seguras em livros especializados, escritos por profissionais de saúde mental ou em respeitáveis sites de ótimo conteúdo.

Registraremos, aqui, algumas informações elementares que nos auxiliarão a diferenciar a tristeza como emoção natural da tristeza como doença. Grande distância existe entre baixo-astral, um estado depressivo passageiro e um quadro clínico de depressão.

Nos dias atuais, por uma questão cultural e comercial, temos uma "indústria da felicidade" bem consolidada na sociedade. Livros, técnicas terapêuticas, mídia, teatro, religiões e comunidades utilizam, frequentemente, o tema felicidade como vetor fundamental de seus conteúdos. Diante desse cenário, a pessoa que não consegue ser feliz a maior parte do tempo ou que perde seu estado habitual de alegria por períodos um pouco mais longos, logo é rotulada de depressiva. Alguns profissionais da saúde mental têm alertado, com frequência, para essa "patologização da tristeza", isto é, se você não é feliz o tempo todo, então está doente.

Allan Horwitz defende que isso acontece porque a psiquiatria contemporânea tende a deslocar os sintomas de seu contexto, classificando de disfunções mentais as reações normais que temos diante de situações de estresse. Ele ainda acrescenta: "Isso leva pessoas que estão apenas tristes ou que têm quadros mais leves de depressão a buscar saídas rápidas para sua dor por meio de antidepressivos".

A depressão é uma doença que transforma o modo de sentir, por isso mesmo está classificada no CID 10 - Código Internacional de Doenças - entre os grupos F.30 a F.39, que agrupam os transtornos de humor ou afetivos, incluindo variados tipos de depressão. Com o afeto ou o humor alterado surgem reflexos na maneira de se comportar e pensar, que influenciam nos acontecimentos, nos relacionamentos e nos indivíduos.

Faremos, então, apenas alguns registros para facilitar nosso entendimento sobre quando existe, de fato, um quadro clínico no qual a tristeza se transforma em patologia e requer tratamento especializado. **Devemos considerar, no entanto, que nenhum destes registros deve ser usado como referência para concluir que alguém tem depressão. Essa avaliação só pode ser feita por um profissional habilitado e bem indicado.**

Os dois sintomas mais mencionados entre os especialistas são: humor depressivo e perda do interesse. Os demais derivam destes ou guardam conexões entre si. Os sintomas mais comuns à maioria dos quadros são: tristeza, desânimo, apatia ou lentidão ou, às vezes, agitação, falta de alegria, diminuição ou aumento de apetite, insônia ou aumento de sono, falta de desejo sexual, falta de energia até para coisas simples, tais como tomar banho, ver televisão ou ler um jornal. Há uma diminuição geral do nível de energia. Problemas que antes eram resolvidos com facilidade se tornam tarefas pesadas e difíceis. Coisas que antes eram agradáveis se tornam sem graça.

Outro aspecto importante e muito presente é a ruminação mental, na qual o portador da depressão fica repetindo pensamentos. Sabe que eles não fazem sentido, mas não consegue tirá-los da cabeça. Por exemplo: conferir portas e janelas várias vezes, achar que poderia fazer mal a si mesmo ou a outras pessoas, ficar questionando seu próprio comportamento diante de alguém, alimentar um cenário pessimista sobre a sua situação financeira, ficar pedindo desculpas várias vezes pelo mesmo erro, entre outros.

O depressivo se sente muito culpado pelas coisas que fez e pelas que não fez. O passado volta carregado de culpa e remorso.

Uma das formas básicas de reconhecer a doença se dá pelo fato de que esses sintomas persistem no dia a dia, chegando a incapacitar o indivíduo para o exercício das atividades diárias, incapacitação esta acompanhada de uma desproporção emocional caracterizada por reações exageradas a problemas corriqueiros. Persistência, incapacitação e desproporção: esses três pontos são fundamentais aos profissionais para a formulação de um diagnóstico conclusivo.

Como se sente o depressivo diante dessa desproporção emocional? Extremamente solitário, como se somente ele tivesse os problemas que tem, abandonado porque ninguém o entende ou lhe quer bem, fazendo enorme sacrifício para viver, sem prazer com a vida, cansado de viver.

Não existem dois casos de depressão iguais. Cada histórico, cada contexto, cada pessoa com suas peculiaridades constrói elementos individuais na forma de expressar e viver essa dor. Conquanto as similaridades dos sintomas, para cada quadro patológico haverá uma terapêutica, uma abordagem, um método que melhor se aplique com objetivos curativos. Receituário coletivo em assuntos de doença psíquica é uma faca de dois gumes. Relembramos que os sintomas aqui citados não podem ser classificados por ninguém como depressão. Para formar um diagnóstico, somente um exame cuidadoso por parte de um profissional habilitado.

"Nos dias atuais, por uma questão cultural e comercial, temos uma "indústria da felicidade" bem consolidada na sociedade. Livros, técnicas terapêuticas, mídia, teatro, religiões e comunidades utilizam, frequentemente, o tema felicidade como vetor fundamental de seus conteúdos. Diante desse cenário, a pessoa que não consegue ser feliz a maior parte do tempo ou que perde seu estado habitual de alegria por períodos um pouco mais longos, logo é rotulada de depressiva."

"Só existe uma pressão da sombra para se expressar, porque isso é um movimento divino de forças intrapsíquicas em favor de nosso destino. A sombra 'sabe' que o contato com todo o 'material' nela depositado será bom para nosso crescimento." [1]

Kathleen A. Brehony

---

1   Brehony, Kathleen A. *Despertando na Meia-idade*, Editora Paulus, p.85.

Gatilhos e causas multifatoriais da depressão

Descrevemos dois exemplos para entender um pouco mais sobre os gatilhos emocionais.

No primeiro exemplo temos Alberto. Seu pai faleceu logo após adoecer, aos 60 anos. Eles eram muito ligados afetivamente e, desde a infância, eram amigos que compartilhavam tudo na vida.

Evidentemente, a tristeza vai invadir o coração de Alberto por certo tempo, podendo mesmo afetar, de alguma forma, sua conduta e suas obrigações. É uma perda muito severa e dolorosa. Esse episódio pode desencadear a conhecida depressão reativa. Uma forma natural de reagir com um luto psicológico a uma perda grave.

Aqui a causa da depressão foi uma perda, um rompimento no campo afetivo de Alberto. Nesse caso, o gatilho disparador da depressão, a perda do pai, pode confundir-se com a causa, sendo ambos a mesma coisa neste caso.

No segundo exemplo temos Nina. Ela tem apenas doze anos. Ao acordar em um dia comum de sua vida é tomada por uma tristeza sem causa aparente. Recusa-se a ir para a escola. Sente um medo que não sabe pelo que é. Começa a chorar sem parar e, diante do susto de seu quadro psicológico, os pais começam uma investigação de médico em médico até descobrirem que ela estava a caminho de ter sua primeira menstruação. Esclarecida a situação e devidamente tratada, Nina segue sua vida. Acontece que, um ano depois, Nina entra novamente no mesmo quadro psíquico e emocional, só que com maior intensidade. Novamente começam os exames. A história de Nina continua com crises cada vez mais severas até atingir o patamar de uma depressão grave. Nesse caso, o gatilho provavelmente foi o fator hormonal, mas Nina é um espírito com compromissos muito sérios arquivados em sua casa mental – tema que abordaremos adiante – e a causa real de sua depressão são culpas criminosas que necessitam de um profundo processo terapêutico, no qual a renovação da conduta será a essência de sua recuperação.

Gatilhos, portanto, são fatores acionadores ou agravantes da depressão e que podem, em algumas situações, ser apenas desencadeantes, e não a causa real.

Ocorrências e situações que são apontadas como causa da depressão, tais como perdas, tragédias, raiva, mágoa, sobrecarga e outras tantas, quase sempre são gatilhos emocionais ou disparadores da dor que vem da alma da criatura, que vem de suas necessidades como Espírito. Nesses casos, portanto, a causa é mais profunda e não deve ser confundida com os seus gatilhos.

A depressão é classificada em vários tipos, de acordo com a nomenclatura oficial da área da saúde humana. Isso implica dizer que suas causas também são inerentes ao tipo de depressão, são multifatoriais. Existem causas orgânicas, psicoemocionais, sociais e espirituais.

Uma depressão pós-parto, por exemplo, pode ser um quadro essencialmente orgânico e não apresentar nenhum outro fator coadjuvante. Uma vez tratada a mãe adequadamente, ela regressa em algumas semanas ao seu estado de saúde. Entretanto, se associados a esse contexto existirem outros fatores, como um medo exagerado da mãe de cuidar convenientemente do filho em razão de culpas adquiridas em vidas anteriores por negligência nessa área ou por conta de sua educação na infância repleta de traumas que os liguem à maternidade, então essa depressão pode se agravar para quadros mais intensos devido a causas espirituais e também emocionais. E assim, como nesse exemplo, podemos encontrar a mais infinita gama de quadros, conforme as particularidades de cada pessoa.

A depressão, seja ela leve, moderada ou grave, é um aprendizado que o depressivo necessita ter diante daquilo que representa sua dor. Esse aprendizado vai amadurecê-lo, é uma oportunidade de crescimento, algo que ele necessita descobrir e aprimorar. Não existe nada por acaso na vida. Nem mesmo uma depressão, seja em que nível for sua gravidade. Tudo obedece a uma lei de sabedoria e equilíbrio pelo bem.

"Só existe uma pressão da sombra para se expressar, porque isso é um movimento divino de forças intrapsíquicas em favor de nosso destino. A sombra 'sabe' que o contato com todo o 'material' nela depositado será bom para nosso crescimento."

Aquilo que emergir do subconsciente, diante do estímulo das causas e gatilhos, é algo que está na hora de ser burilado, trabalhado para ser entendido. A depressão não é um movimento isolado na estrada evolutiva do Espírito. Sua proporção obedece a causas multifatoriais que podem ser agrupadas em uma só: a necessidade de olharmos para dentro de nós mesmos e descobrirmos tesouros preciosos nos porões da alma.

Não pretendemos tratar detalhadamente dos aspectos técnicos. Para os que desejarem se aprofundar neles, vou citar o livro *Em Busca da Cura Emocional* [1], da psicóloga Lourdes Possatto. No capítulo Depressão, desta referida obra, encontramos a seguinte divisão sobre as causas da depressão:

- Eventos estressantes ou perdas.

- Doenças físicas, como câncer e outras.

- Alteração nos níveis hormonais.

- Uso de certos medicamentos, drogas ou álcool.

- Histórico de hipoglicemia.

- Dependência emocional.

---

[1] **Possatto, Lourdes.** Depressão. *Em Busca da Cura Emocional*, Lúmen Editorial.

- Dificuldade em aceitar a realidade.

- Mágoas e raivas acumuladas.

- Longo histórico de autonegação.

- Sentimentos de culpa e remorso.

Essa questão multifatorial das causas da depressão nos leva a concluir que uma avaliação mais precisa e de bons resultados implica um levantamento diagnóstico com vários profissionais, como psiquiatra, psicólogo, endocrinologista, clínico geral, neurologista, dependendo de cada caso.

Apesar das várias causas e gatilhos, vamos examinar com mais atenção a inaceitação da realidade e o autoabandono, isto é, a falta de amor a nós mesmos, como sendo dois dos fatores psicológicos mais presentes nas causas de depressões. Vamos nos orientar nessa direção por uma razão muito sensata: sob essa perspectiva, a maioria de nós aqui no planeta, tendo consciência disso ou não, aceitando isso ou não, estamos, de alguma forma, enquadrados em algum nível de dor depressiva educativa por conta de velhos comportamentos que necessitamos reciclar em favor de nossa cura. Comportamentos de rebeldia em aceitar a existência e as pessoas como elas são e de negação dos nossos desejos, necessidades e sentimentos mais profundos.

Há um trecho muito importante no livro de Lourdes Possatto que diz o seguinte:

"Pessoas que se abandonaram uma vida inteira, mulheres que abdicaram de si mesmas em prol do marido, dos filhos, dos próprios pais, e num determinado dia, quando os filhos foram embora para estudar fora ou se casaram, o marido morreu ou se separou dela, os pais morreram, ela se viu totalmente perdida, chorosa, desesperada, com um vazio interno enorme – o que chamamos de síndrome do ninho vazio –, numa crise depressiva existencial ou dentro de um quadro de síndrome do pânico. O pano de fundo emocional de um quadro como esse é o autoabandono: a pessoa nunca aprendeu realmente a colocar-se como prioridade, nunca foi treinada para se olhar, considerar seus sentimentos, e, com isso, desenvolveu pontos de referência externos" [2].

---

2 **Possatto, Lourdes.** Dependência Emocional, Saia dessa Ilusão. *A Essência do Encontro*, Lúmen Editorial.

"A depressão não é um movimento isolado na estrada evolutiva do Espírito. Sua proporção obedece a causas multifatoriais que podem ser agrupadas em uma só: a necessidade de olharmos para dentro de nós mesmos e descobrirmos tesouros preciosos nos porões da alma."

"Depressão – condição mental da alma que começa a resgatar o encontro com a verdade sobre si mesma depois de milênios nos labirintos da ilusão."[1]

Ermance Dufaux

---

[1] Escutando sentimentos, obra mediúnica de autoria espiritual de Ermance Dufaux e psicografia de Wanderley Oliveira, capítulo 5, Editora Dufaux.

Sobre qual depressão esta obra trata

Como já foi mencionado, O CID 10 - Código Internacional de Doenças tem um grupo específico de doenças que engloba a grande maioria das depressões existentes.

Os grupos F.30 a F.39 tratam dos transtornos de humor ou afetivos, entre eles variados tipos de depressão. Além do CID 10, temos, também, como referência, o DSM IV - Manual Diagnóstico e Estatístico de Transtornos Mentais (Diagnostic and Statistical Manual of Mental Disorders), que é um manual para profissionais da área da saúde mental que lista diferentes categorias de transtornos mentais e critérios para diagnosticá-los, de acordo com a Associação Americana de Psiquiatria (American Psychiatric Association - APA).

Para os próprios profissionais de saúde mental, torna-se, muitas vezes, um desafio enquadrar os quadros depressivos nas categorias listadas em ambos os manuais oficiais. Foi pensando nessa variedade de quadros psiquiátricos e na complexidade desse assunto que precisamos deixar claro qual o perfil de depressão que esta obra aborda, para que estas anotações se tornem mais adequadas às experiências individuais dos leitores.

Um fato que precisa ficar esclarecido é que a depressão é uma doença do afeto com efeitos psíquicos, orgânicos, sociais e espirituais. Este é o conceito aplicável à generalidade dos quadros, sejam elas leves, moderadas ou graves.

Dentre as classificações, uma distinção entre depressões graves, também chamadas severas, e depressões reativas, vai nos auxiliar no melhor entendimento dos objetivos a serem alcançados nos capítulos seguintes.

Uma depressão reativa ocorre diante de episódios que causam intenso sofrimento psíquico e moral, tais como morte, separação, desemprego e quaisquer dissabores da vida que envolvem perdas ou situações dolorosas e traumáticas. Essa depressão, em alguns casos, pode evoluir e se tornar uma doença mais grave. Entretanto, dentro de sua descrição científica, tende a ser passageira e curada em alguns meses. Já uma depressão grave, chamada endógena ou constitucional, que tem inclusive fatores genéticos e orgânicos em sua descrição, é considerada um quadro severo pela intensidade de sua sintomatologia.

Em alguns casos, a depressão endógena se caracteriza por uma tristeza sem causa aparente, diferentemente das chamadas depressões reativas, nas quais fica evidente o motivo da intensa tristeza.

A doença sobre a qual abordaremos engloba, enfim, sintomas de vários desses quadros, se forem consideradas as classificações oficiais da psiquiatria e da Organização Mundial da Saúde (OMS).

Todavia, não há a intenção de manter essas observações nos limites de tais manuais. Talvez o grupo que melhor abranja as presentes reflexões sobre depressão seja o das depressões atípicas, cujos sintomas apresentam uma enorme variedade de expressões. Ainda assim, tudo depende de cada caso, de cada histórico. Qualquer rigor no assunto não ajuda em nada.

A metáfora que melhor expressa esta abordagem sobre a depressão é a desnutrição da alma, isto é, um depressivo é alguém que não está alimentando corretamente seu Ser interior, é alguém que não está em contato com sua essência luminosa, por isso mesmo perdeu o vínculo com sua fonte de energia vital. Seja em que diagnóstico oficial estiver o depressivo, essa é uma comparação aplicável aos conteúdos que usaremos nos textos. **O depressivo é alguém que perdeu a conexão com sua consciência divina, e que, por isso mesmo, está em uma relação infeliz e tóxica consigo mesmo, com o próximo e com as Leis Divinas. Essa será a perspectiva dos conteúdos em nossas abordagens.**

Vamos, então, fazer uma reflexão para termos uma noção mais clara do assunto.

Conquanto o alarmante percentual de 15% a 20% de pessoas com algum episódio de depressão em sua vida, conforme os parâmetros oficiais da Organização Mundial de Saúde (OMS), há motivos para pensar que esse índice é assustadoramente maior, se considerarmos que existem as "depressões que ninguém vê".

Chamamos assim as depressões "silenciosas" ou em estufa, quadros psíquicos que causam enorme sofrimento e que não são ainda diagnosticados oficialmente como doença. Na maioria das vezes, o paciente, e até mesmo alguns profissionais de saúde mental, terão escassos elementos para analisar essa patologia com a atenção e os cuidados terapêuticos que ela exige.

O quadro pode não ser reconhecido como depressão clínica, pois as atividades cerebrais e psíquicas ainda não sofreram alterações a ponto de retirar do doente o controle emocional ou de causar mudanças preocupantes no seu comportamento. Todavia, essa "depressão que ninguém vê" é capaz de tornar a vida de qualquer pessoa um autêntico inferno interior, com variações dolorosas no humor e outras dores que em quase nada as diferenciam dos casos mais graves desse transtorno mental, quando diagnosticado cientificamente como depressão.

Podemos entendê-la como o efeito mental de alguns movimentos emocionais envelhecidos nas atitudes do Ser ao longo de várias reencarnações. Atitudes morais repetitivas e danosas. Esse quadro depressivo caracteriza-se por um estado psicológico de insatisfação crônica com a vida, decorrente da rebeldia em aceitar a realidade da vida como ela é. Essa rebeldia consolidada como hábito de conduta em múltiplas existências corporais catalisa um amplo conjunto de variações emocionais que agridem o equilíbrio do campo mental, provocando intenso sofrimento na alma.

A manifestação mais evidente dessa patologia é a inconformação, um estado afetivo que se estrutura com base nas contínuas reações de contrariedade ante as provas da vida. A inconformação se expressa em forma de raiva e, depois, se não é devidamente elaborada, transforma-se em revolta. A revolta nada mais é que o desapontamento crônico que enfraquece a vida emocional e facilita o melindre, a irritação e o mau humor. Esses estados, conjugados alguns deles, levam frequentemente ao pior resultado que está no entorno da depressão severa: a perda da vontade de viver.

Nesse estado, uma pessoa não faz planos de vida, deixa morrer seus sonhos, torna-se muito rígida, inflexível, tem uma compulsiva necessidade de controle, alimenta expectativas muito elevadas consigo mesmo e com os outros, reage com baixíssima tolerância às frustrações, desrespeita todos os seus limites, adere ao costume da teimosia em seus pontos de crença e fica com seu afeto comprometido pela tristeza, pelo desânimo, pelo sentimento de abandono, medo, culpa e menos-valia. É um constante desassossego íntimo, uma ansiedade não se sabe pelo que ou por conta de quê.

As consequências de todo esse conjunto de dores psíquicas e emocionais são a intensa desvitalização energética e muita angústia. No corpo físico surgem alergias, distúrbios endócrinos, cansaço crônico, insônia intermitente, infecções recorrentes, enxaqueca e outras múltiplas desorganizações.

Sob a ótica da reencarnação, essa "depressão que ninguém vê" é uma depressão na estufa. Provavelmente, há um longo tempo, a criatura está agindo desconectada do seu centro luminoso essencial, suas potências divinas, permanecendo em conflito sistemático entre os **gritos da alma sábia** e suas velhas bagagens ancestrais.

O tratamento de tais quadros, além da dinâmica psiquiátrica, psicológica e espiritual indicada para os casos severos da depressão clínica, deve ser complementado por um trabalho de acompanhamento de educação emocional, cujo objetivo será o aprendizado do paciente para gerenciar seu mundo emotivo.

A doença mental é bastante agressiva às estruturas sutis do Ser para merecer exclusivamente medicações e psicoterapia como propostas terapêuticas. Os remédios tratam o corpo, a psicoterapia auxilia na autorregulação da ecologia psíquica e emocional, mas fica faltando a essência, a alma. A cura real de todas as doenças está na intimidade de cada um de nós. O que ainda não sabemos é como acessar esses talentos e potenciais latentes na vida mental profunda com os quais conseguiremos o tão almejado estado de saúde.

A proposta de tratamento complementar da depressão aqui abordada tem como foco a educação emocional e comportamental para aprendermos a lidar com nossa dor, que, muito antes de ser mental, é moral. Por meio da melhor compreensão do dinamismo emocional é possível criar um processo regulador das diversas fontes de energia em conflito na doença mental. Esse trabalho feito com acompanhamento é extremamente oportuno, considerando que nesse quadro doentio o inconsciente se encontra em erupção, subtraindo da criatura o que ela mais necessita, que é saber olhar para dentro de si mesma com muita compaixão e sabedoria. **O trabalho terapêutico começa cuidando do medo e da culpa, dois sentimentos muito importantes**

para o crescimento, quando se aprende o que eles querem ensinar.

Há uma abundância de informações sobre O QUE FAZER para sermos felizes. Mas COMO FAZER para transformar o que já sabemos na construção de nossa felicidade? A presente proposta educacional e terapêutica de tratamento complementar da depressão está focada em orientar "como fazer", se propondo a descobrir os caminhos para a nossa realização e desenvolvimento pessoal.

Por que passar uma vida inteira de forma emocionalmente miserável? A vida é bela e viemos a este mundo para sermos felizes tanto quanto for possível.

Essa "depressão que ninguém vê" surge porque não permitimos a expressão criativa de nossos talentos. **Quando uma pessoa tem depressão significa que há algo muito bom dentro dela precisando sair, ser expresso. No entanto, a atitude rebelde de não reconhecer o fluxo da vida impede que essa manifestação divina seja colocada em ação.**

Talvez só nos falte mesmo acreditar e saber que está em nossas mãos o direito e o dever de construir os caminhos para nossa felicidade. De sermos capazes de sinalizar esses caminhos para que cada um de nós possa trilhá-los e achar o tesouro dos talentos pessoais depositados na consciência.

Como diz Jung: "Só aquilo que somos realmente tem o poder de curar-nos".

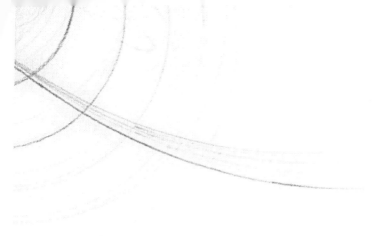

04

"E, respondendo Jesus, disse: Não foram dez os limpos? E onde estão os nove? Não houve quem voltasse para dar glória a Deus senão este estrangeiro?" [1]

Lucas

---

[1] Lucas, 17:17 e 18.

Proposta terapêutica deste livro

O tratamento da depressão envolve várias dimensões do ser humano. Quando o depressivo usa medicação, trata da primeira dimensão, que é a orgânica. Quando se submete à psicoterapia, investe na recuperação de sua segunda dimensão, que é a psíquica e emocional. Quando realiza tratamento espiritual, cuida da terceira dimensão, que é a dos corpos energéticos sutis e dos seus laços e vínculos espirituais. Mas a depressão tem uma *quarta dimensão* que tem sido muito relegada. É a dimensão social, relacional, isto é, *o comportamento* que a gerou a partir das relações destrutivas vivenciadas pelo depressivo.

Quando falamos em dimensão social não nos referimos às influências dos contextos políticos ou culturais da sociedade, mas no quanto *a teia das relações humanas* tem uma influência determinante na construção ou no tratamento dessa doença. Estamos falando da importância da **renovação das atitudes** para a solução da depressão. Não existe mudança de atitude sem educação dos sentimentos. Esse será nosso foco terapêutico principal.

A reeducação do comportamento na dimensão social e nos relacionamentos, implica examinarmos e reorientarmos os sentimentos e os pensamentos que moldam nossa conduta na convivência humana. É nesse ponto essencial que se encontra o caminho da libertação do depressivo.

A medicação prescrita pelos psiquiatras beneficia as necessidades orgânicas, permitindo atenuar a sintomatologia; a psicoterapia, utilizada pelos psicólogos, trata o emocional e o psicológico, orientando a vida psíquica; a assistência espiritual vai às raízes profundas das conexões com o mundo astral e energético, atuando nos corpos mais sutis. **Entretanto, essas dimensões, por si sós, não são suficientes para a cura. Quando desacompanhadas de educação comportamental, apenas abrandam sintomas e aliviam a dor. Conquanto sejam partes essenciais no tratamento, ainda não atingiram o cerne da doença para promover a autossuperação e a libertação do depressivo. Há depressivos que fazem esses três percursos e três situações acontecem:**

01. Ele tem uma melhora considerável e se supõe curado, abandonando o tratamento e vivendo uma vida limitada e estreita com quadros recorrentes da doença.
02. Ele tem uma melhora considerável e se supõe curado, abandonando o tratamento e tem crises piores, podendo caminhar para outras doenças psiquiátricas mais severas.
03. Ele tem uma melhora considerável, sabe que não se curou e continua seu tratamento guardando consciência de que sua conduta será sua verdadeira cura. Esse caso apresenta possibilidades de parar com o tratamento na hora certa, sob orientação médica e se tornar o curador de si mesmo.

Diante do exposto, a medicação seria o alívio; a psicoterapia uma luz para se orientar; o tratamento espiritual um suporte de refazimento. Entretanto, quem deseja realmente cura e libertação, conjuntamente com todas essas iniciativas, deverá se lançar ao trabalho essencial de sua própria reeducação emocional, mental e moral.

Sob essa perspectiva do Espírito imortal, a depressão é um sintoma de doenças morais adquiridas nas formas de proceder durante várias reencarnações.

Somente se autoenfrentando, identificando com clareza quais são os gatilhos emocionais que disparam a depressão, quais traços morais sombrios precisam de redirecionamento e que movimentos mentais o depressivo precisa aprender para ter posse de seu mundo interior, é que conseguirá entender sua experiência dolorosa, possibilitando transformá-la em vivência de aprimoramento. E isso só é possível ser feito a partir do que acontece com o depressivo nas relações que ele cria em sua teia de convivência.

É no relacionamento humano que nos revelamos uns aos outros e a nós mesmos. É por meio dele que expressamos sentimentos, pensamentos e condutas, e igualmente recebemos um retorno de nossas atitudes para uma autoavaliação. Os contextos tais como emprego, família, religião, comunidades e outras organizações da sociedade não têm vida sem o dinamismo das interações afetivas entre as pessoas com as quais criamos laços.

Quando analisamos a depressão sob a ótica dos desafios sociais, estamos falando de compromisso com a melhoria pessoal, estamos falando, também, de autoeducação emocional, o trabalho essencial de transformação íntima.

Essa perspectiva coloca o depressivo na condição de curador de si mesmo. Essa é uma visão muito necessária no aprimoramento das iniciativas de amparo, principalmente na comunidade espírita, que, em muitas situações, ao analisar a depressão como uma doença da alma, tem uma atitude estritamente assistencialista nos tratamentos espirituais. **Depressão não se cura somente com alívio e consolo, desobsessão e passe. É preciso bem mais que isso. Esse caráter assistencialista, embora necessário para minorar as dores e servir de arrimo inicial, é apenas um primeiro passo na caminhada.**

Falar do espiritual sem falar do psíquico, do emocional e do comportamental é um velho erro da religião. Será muito valoroso tratar um depressivo espiritualmente, todavia, para uma terapêutica que levará à cura, será necessária a reeducação da conduta, da atitude

Depressão é uma doença da alma, uma doença espiritual, desde que seja compreendida a criatura em depressão como espírito temporariamente adoecido, que necessita de profundas mudanças no seu proceder, perante seus irmãos de humanidade e perante a obra do Criador.

Se reduzirmos o enfoque da doença da alma apenas à obsessão ou aos desequilíbrios energéticos, corre-se um enorme risco de desonerar o doente da sua participação na doença que ele mesmo construiu, e apenas remediar sintomas e efeitos ao invés de posicioná-lo sobre o trabalho de autocura. Isso é assistencialismo.

Nesse prisma da educação social ou educação dos sentimentos por meio das relações humanas, encontraremos o remédio curativo e libertador em assuntos do Espírito imortal.

O processo recuperativo consiste em educarmos o sentimento para renovar os pensamentos e, por fim, diante dessa mutação interior, reestruturarmos o comportamento social. Esta é a proposta: orientarmo-nos sobre como lidar com os programas mentais da depressão, construídos de acordo com velhas condutas morais, e entendermos como eles se manifestam nas relações humanas e na forma de viver do depressivo.

No decorrer do texto iremos analisar quais são os sentimentos que constroem uma depressão, por quais condutas eles costumam se manifestar e qual o resultado disso na vida psíquica, corporal e emocional do ser. Quais condutas levam à depressão? Como descobrir e reeducar a conduta-padrão, que é a raiz da depressão? Como fazer um trabalho nas dimensões orgânica, psíquica e espiritual para facilitar a reeducação comportamental?

Nesta obra não guardamos nenhuma pretensão de formular uma teoria sobre o assunto, mas de ajudarmos a pensar a depressão como experiência de crescimento e sobre como extrair preciosas lições dessa dor.

O compromisso é oferecer um singelo raio de luz sobre a vida emocional e comportamental dos depressivos. Quem sabe, uma bússola que colabore com nossa viagem interior, oferecendo referências para qual direção devem ser destinados os nossos sentimentos a fim de transformá-la em uma grande oportunidade de iluminação pessoal.

Sem autoconhecimento, o depressivo se perde no labirinto de sua realidade individual e, mesmo que deseje, não consegue moldar novas condutas. Sem luz acerca da estrutura moral e emocional da depressão, fica muito difícil organizar a vida mental.

Propomos um roteiro de autoconhecimento para depressivos e todos aqueles envolvidos com as duras lições que essa doença pode nos propiciar.

Atitude é tudo em matéria de cura da depressão.

Quem nos ensinou isso foi nosso Mestre, em várias passagens narradas no Seu Evangelho. Uma das mais sábias e que foi usada como texto de apoio, no início deste capítulo é: "E, respondendo Jesus e disse: Não foram dez os limpos? E onde estão os nove? Não houve quem voltasse para dar glória a Deus senão este estrangeiro?" Apenas um leproso, tomado pelo sublime sentimento de gratidão, voltou a Jesus e manteve seu coração conectado à parte nobre de si mesmo. Essa conduta, sem dúvida, é terapêutica e curativa.

"Depressão é uma doença da alma, uma doença espiritual, desde que seja compreendida a criatura em depressão como Espírito temporariamente adoecido que necessita de profundas mudanças no seu proceder perante seus irmãos de humanidade e perante a Obra do Criador."

"A doença é um estado do ser humano que indica que, na sua consciência, ela não está mais em ordem, ou seja, sua consciência registra que não há harmonia. Essa perda de equilíbrio interior se manifesta no corpo como um sintoma. Sendo assim, o sintoma é um sinal e um transmissor de informação, pois, com seu aparecimento, ele interrompe o fluxo da nossa vida e nos obriga a prestar-lhe atenção." [1]

Dr. Rüdiger Dahlke

---

[1] Dahlke, Rüdiger. A Doença e os Sintomas. *A Doença como Caminho*, Editora Cultrix.

Como é construída a depressão

Vamos falar agora de algumas coisas importantes para quem deseja a cura. Tenhamos um pouco de perseverança e coragem para entender e aceitar o que aqui vamos tratar. Será como uma medicação amarga com intuitos curativos, mas depois vamos nos sentir aliviados por tratarmos com coragem a nossa dor.

Para tratar a depressão torna-se substancial entendermos como ela é construída.

Apenas para situar, relembremos aqui que não estamos nos referindo a qualquer tipo de depressão, mas principalmente às mais severas e crônicas, construídas em longas e múltiplas existências corporais. Podemos, também, chamá-la de depressão carmática, aquela que nasce de um comportamento velho, repetitivo e que afasta a criatura do Criador. Afasta o homem de seu potencial luminoso de saúde, equilíbrio e paz.

As doenças, na grande maioria, são causadas por nossa conduta moral inadequada diante das leis estabelecidas para a felicidade e a perfeição gravadas em nossa própria consciência. Quanto mais distantes dos chamados da consciência, mais nos afastamos daquilo que nos levará à saúde e ao bem-estar. Como diz o espírito Joseph Gleber: "(...) saúde é a realização real da conexão criatura-Criador, e doença é o contrário momentâneo de tal fato".[1]

Essa visão espiritual permite entender que, antes da doença mental, existe a doença moral. No caso dos depressivos, a doença moral que consolida um clima psíquico de adoecimento é a conduta do egoísmo. A depressão, nessa perspectiva, torna-se sintoma de algo que está em desarmonia na criatura.

É o que afirma o médico e psicoterapeuta alemão dr. Rüdiger Dahlke:

> "O sintoma avisa que, como seres humanos, como seres anímicos, nós estamos doentes, isto é, o equilíbrio de nossas forças anímicas interiores está comprometido.
>
> O sintoma nos informa que está faltando alguma coisa. Por isso, antigamente, costumava-se perguntar a um doente: 'O que está lhe faltando?'"[2]

O egoísmo é uma doença milenar. Em maior ou menor proporção, é o traço fundamental da maioria de nós, reencarnados na Terra. Na verdade, não são somente os depressivos que padecem dessa doença moral. Todos estamos buscando a cura dessa postura

---

1 **Espíritos Diversos.** Pelo médium: Roberto Lucio Vieira de Souza. A Doença e a Saúde. *O Homem Sadio*, AME Editora.

2 **Dahlke, Rüdiger.** A Doença e os Sintomas. *A Doença como Caminho* , Editora Cultrix.

egocêntrica que pode ter como consequência vários efeitos, não só a depressão.

A resposta dada pelos Espíritos Guias a Allan Kardec, em *O Livro dos Espíritos*, questão 895, nos faz refletir sobre esse traço tão marcante em nossa personalidade:

"Postos de lado os defeitos e os vícios acerca dos quais ninguém se pode equivocar, qual o sinal mais característico da imperfeição?

O interesse pessoal. Frequentemente, as qualidades morais são como, num objeto de cobre, a douradura que não resiste à pedra de toque. Pode um homem possuir qualidades reais, que levem o mundo a considerá-lo homem de bem. Mas essas qualidades, conquanto assinalem um progresso, nem sempre suportam certas provas e às vezes basta que se fira a corda do interesse pessoal para que o fundo fique a descoberto. O verdadeiro desinteresse é coisa ainda tão rara na Terra que, quando se patenteia, todos o admiram como se fora um fenômeno.

O apego às coisas materiais constitui sinal notório de inferioridade, porque, quanto mais se aferrar aos bens deste mundo, tanto menos compreende o homem o seu destino. Pelo desinteresse, ao contrário, demonstra que encara de um ponto mais elevado o futuro."

Por conta desse egoísmo que se baseia no interesse pessoal entramos em constante litígio com a realidade, para atender a nossos caprichos individualistas, rebelando-nos contra tudo aquilo que contraria nossa vontade e necessidades.

É nesse clima emocional de rebeldia que adquirimos o hábito de não aceitar a vida como ela é, os fatos como eles acontecem e as pessoas como elas são. Para eliminar qualquer sensação de frustração aos nossos interesses ou desapontamento aos nossos desejos, manipulamos e desrespeitamos a realidade da existência em favor de nossos anseios.

Quanto mais egoísmo, mais nos afastamos de nossa essência divina. Quanto mais tempo dura esse comportamento, mais a vida mental sofre os efeitos indesejáveis para a aquisição da saúde. E assim vão sendo construídos "traços afetivos" no inconsciente, que formarão a tipologia da vida emocional em cada pessoa nas diversas existências corporais.

É como se esses traços insculpissem uma "orientação", um "destino", uma programação mental para a vida emotiva, surgindo daí as classificações mais diversas da doença mental, entre elas a depressão.

Portanto, já renascemos com uma proporção de tristeza ou de outra característica que estrutura potencialmente um quadro psicopatológico.

Em razão das atitudes de egoísmo, rebeldia e inaceitação, renascemos com um nível de inconformação, que é o estado psíquico predominante, consolidado por meio da repetição desses comportamentos em várias reencarnações.

Usando a figura de um abacate, na ilustração 1, teríamos o caroço, onde se encontra o embrião formador, como sendo o egoísmo. O fruto seria o sentimento de rebeldia criando o clima psíquico da inconformação que, por fim, produz toda uma estrutura afetiva chamada depressão.

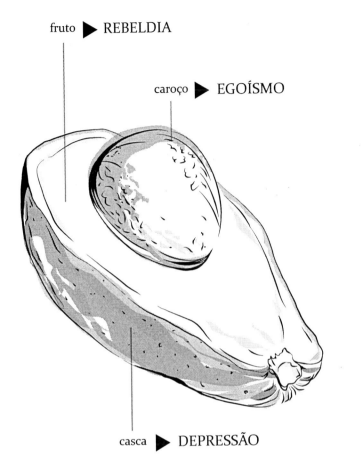

Ilustração 1

O egoísmo é o ponto de origem que nos motiva à rebeldia em aceitar a vida e suas leis, em razão do interesse pessoal. É a forma mais habitual para nos defendermos da realidade, que é muito dolorosa de ser aceita e sentida, onde criamos um mundo ideal, um mundo fantasioso e cheio de ilusões sobre tudo o que cerca nossa existência, uma autêntica fuga.

É por meio desses devaneios da vida mental que se estabelece uma das mais conhecidas formas de manifestação na mente depressiva: a ruminação, isto é, o ato de ficar preso a um mesmo assunto por longo período de tempo. Dentro dessa ruminação surgem as fantasias, que criam o mundo ideal e o afastam do mundo real.

De tudo o que o depressivo mais tem dificuldade em aceitar, a sua maior rebeldia é acolher a si mesmo como é. Ele vive um conflito constante com sua realidade pessoal. É tomado, por isso, por uma tristeza crônica devido à percepção que tem de si mesmo. É quando ele se abandona para ser aceito pelo meio social, fazendo as vontades e os gostos alheios e negando seu querer interior.

Talvez essa seja uma das diferenças mais marcantes entre o conhecido baixo-astral e a depressão clínica. No primeiro podemos estar infelizes com algo que tenhamos feito ou com algo que necessitamos mudar, mas temos consciência do que se trata e como fazer para mudar. Na segunda, estamos constantemente insatisfeitos conosco e não sabemos exatamente o motivo, nem o que fazer para mudar. A depressão subtrai a capacidade de uma autoavaliação generosa e estimuladora, produzindo um clima de tristeza patológica.

Mais uma vez relembramos que uma das mais cruéis facetas dessa doença é a rebeldia em aceitar nossa singularidade, sermos quem somos, lidar com aquilo que representa nossa sombra interior e desenvolver nossos potenciais e vocações particulares.

Como uma pessoa que se sente sem valor e sem autoamor, o depressivo rumina estados emocionais de rejeição, abandono e menos-valia. E para se sentir amado, acolhido e aceito nos grupos sociais de sua atuação procura agradar a todos, atendendo ou se adaptando às expectativas alheias. Há muitos textos científicos que deixam claro que na estrutura mental e emocional da depressão existe uma importante presença desse comportamento de negação de necessidades e sentimentos pessoais para atender ao modelo de expectativas de pais, mães e entes queridos que façam parte do relacionamento do depressivo. Nessa ótica, a doença surge por conta da dificuldade de se adaptar ao que se espera dele.

Como escreve a dra. Ana Claudia Ferreira de Oliveira, no artigo "O Cuidar de si mesmo, do outro e a depressão"[3]:

"De qualquer modo, a depressão está muito ligada a um processo de abandono e desrespeito pessoal. É muito fácil perceber como as pessoas deprimidas estão desconectadas de si mesmas, de suas vontades, de seus desejos. Não sonham, não fantasiam, não planejam, não veem perspectiva positiva de futuro. É comum que nos digam que não sabem direito o que sentem e muito menos por que sentem. Por mais estranho que isso possa parecer, essa é a realidade emocional dessas pessoas. O deprimido é alguém que, de algum modo, ou por alguma razão, perdeu-se no cuidado consigo mesmo ou, então, como acontece nos casos de depressão mais profunda, é alguém que talvez nunca tenha aprendido o significado do cuidado e amor pessoal."

3 http://www.anaclaudia.psc.br

Relembremos a ilustração 1, do abacate, para concluir este capítulo.

O caroço: O depressivo é um Espírito adoecido pelo egoísmo, que lhe comanda o desejo de realização por meio de sua visão caprichosa a respeito de tudo o que lhe cerca os passos.

O fruto: A rebeldia em aceitar é a forma como se defende de tudo o que lhe contraria os interesses e gostos pessoais.

A casca: Essa rebeldia cria o estado emocional de inconformação, que, por sua vez, desenvolve um leque de sentimentos e condutas, sendo a tristeza patológica uma das maiores dores por ele experimentada.

A compreensão dessa construção moral da depressão implica entendermos o seu aspecto social, essa dimensão comumente esquecida na qual o depressivo terá um amplo desafio de autoeducação de suas emoções, objetivando a melhora de suas reações ante a realidade da vida.

Não é fácil nos admitirmos egoístas. Mas vamos adiante. Vamos abrandar esta realidade. Comecemos dizendo que ser egoísta pode ser até bom. Tudo depende do "como". To beatiur? Pa qui sit eseque natibus aligenisit quam in pedit esti cor sit endi odi sitibus asperum ipient voloreh endae. It andebis apedita vendae volorporum cones rehent volupic ienecum ut la suscit lab id et lant volo molorec taspele scimi, ventur?

Ga. Nam, sapellabores repudae solupta et eicit aut a nobisimi, tor mosam abore pratenda que ventio. Qui con pedis debitat vidit eum ipsam, alitiatiur, volum nihitatum d

"Por conta desse egoísmo que se baseia no interesse pessoal entramos em constante litígio com a realidade, para atender a nossos caprichos individualistas, rebelando-nos contra tudo aquilo que contraria nossa vontade e necessidades."

"Não podemos dizer que possuímos três cérebros simultaneamente. Temos apenas um que, porém, se divide em três regiões distintas. Tomemo-lo como se fora um castelo de três andares: no primeiro situamos a residência de nossos impulsos automáticos, simbolizando o sumário vivo dos serviços realizados; no segundo localizamos o domicílio das conquistas atuais, onde se erguem e se consolidam as qualidades nobres que estamos edificando; no terceiro, temos a casa das noções superiores, indicando as eminências que nos cumpre atingir. Num deles moram o hábito e o automatismo; no outro residem o esforço e a vontade; e no último demoram o ideal e a meta superior a ser alcançada. Distribuímos, deste modo, nos três andares, o subconsciente, o consciente e o superconsciente. Como vemos, possuímos, em nós mesmos, o passado, o presente e o futuro." [1]

André Luiz

---

[1] No mundo maior, de autoria espiritual de André Luiz e psicografia de Chico Xavier, Editora FEB.

Efeitos do egoísmo na casa mental

André Luiz fez uma comparação dos níveis mentais com os andares de uma casa. O porão é onde guardamos tudo aquilo que poderá nos servir em algum momento. É o armazém ou depósito da mente, denominado, pelo autor espiritual, como subconsciente, no qual se encontram todas as experiências boas ou infelizes, representando todo o nosso passado desde que fomos criados por Deus. Tudo o que nós fazemos é registrado nessa parte da mente.

A parte social da residência é o local no qual mais nos movimentamos, assim como a cozinha, quarto, sala e demais cômodos mais usados em uma casa. É o nível chamado de consciente e corresponde a todas as operações relativas ao momento presente, constituindo a personalidade atual, desde o renascimento na matéria até o momento atual.

O sótão é a parte da casa que mais raramente utilizamos no intuito de relaxar, descansar ou refletir. Representa o superconsciente ou região nobre da mente, onde se encontram todos os germens divinos da perfeição, em estado latente. É o nosso futuro.

Na ilustração 2, você pode verificar o superconsciente, o consciente e o subconsciente, e os respectivos andares da casa.

NÍVEIS DA CASA MENTAL

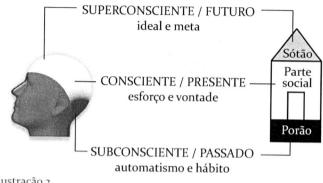

Ilustração 2

Segundo o autor espiritual, no subconsciente mora o *automatismo* e o *hábito*. No consciente reside o *esforço* e a *vontade* e no superconsciente habitam o *ideal* e a *meta*.

A compreensão dos mecanismos de interação entre estes *moradores* auxilia-nos imensamente a entender como se opera o grande objetivo espiritual da reforma íntima e também a forma como a depressão é construída.

A SOMBRA DA CASA MENTAL

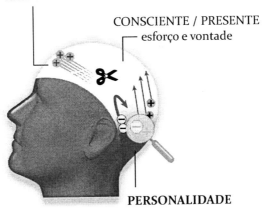

INDIVIDUALIDADE
SUPERCONSCIENTE / FUTURO
ideal e meta

CONSCIENTE / PRESENTE
esforço e vontade

PERSONALIDADE
SUBCONSCIENTE / PASSADO
automatismo e hábito

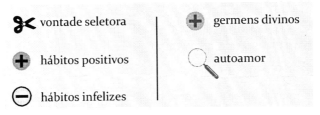

✂ vontade seletora

➕ hábitos positivos

➖ hábitos infelizes

➕ germens divinos

🔍 autoamor

Ilustração 3

Essas três partes da vida mental estão em constante interatividade. Do subconsciente partem apelos automatizados que foram consolidados ao longo de várias reencarnações e que podem dominar nossos sentimentos, pensamentos e ações. Por exemplo: quem já tenha fumado em outras reencarnações ou tenha desenvolvido o talento de tocar piano terá impulsos para fumar novamente e grande facilidade para aprender piano na presente existência corporal.

O conflito interior que muitas vezes leva à depressão nasce dessa luta entre consciente e subconsciente. O subconsciente, assim como o superconsciente da casa mental estudada por André Luiz, podem ser designados como sendo a *sombra* da mente, isto é, aquela parte ignorada, ainda pouco explorada ou quase completamente desconhecida por nós.

Vamos nos abstrair da conceituação técnica da sombra, uma terminologia usada por Jung, para facilitar nosso entendimento prático. Sombra não significa algo ruim dentro de nós. Existe, também, a sombra positiva. Nessa divisão didática da casa mental, ilustração 3, poderíamos dizer que a sombra negativa é o subconsciente, conquanto também nela encontramos muitas qualidades e registros positivos. E o superconsciente seria a sombra positiva, onde residem todos os germens da perfeição humana que um dia alcançaremos. O superconsciente representa a individualidade do Ser, e o subconsciente é o repositório das personalidades arquivadas ao longo de várias existências.

O egoísmo e todo o conjunto de hábitos e comportamentos gerenciados por ele encontram-se nesse nível subconsciente. Embora o nome subconsciente – ou inconsciente, como é mais conhecido nas ciências psíquicas –, é desse nível da vida mental que parte a maioria das operações designadas conscientes. Nossos gestos, sentimentos e todo o processo da vida nascem dessa região por meio do automatismo ou linguagem não verbal.

Os efeitos do egoísmo obedecem a esse processo de automatismo, criando os resultados que a Lei Divina nos impõe em decorrência de nossas escolhas. Quem planta tem de colher. E quem colhe ara o terreno para nova plantação. Justiça e amor sempre juntos.

Como escreve André Luiz: "Como vemos, possuímos, em nós mesmos, o passado, o presente e o futuro".

O passado pressiona nosso presente com muitos desafios e, dependendo de como reagimos, determinamos o nosso futuro.

Faremos uma divisão meramente didática em algumas ilustrações, que não tem nada de rígida ou científica, apenas para a compreensão desses reflexos do egoísmo na vida mental, especificamente no que importa ao tema depressão.

O egoísmo, quando repetido em forma de comportamento ao longo de milênios, elabora como efeito básico para a mente a baixa autoestima. Parece um paradoxo, mas quem se apega demasiadamente e exclusivamente ao seu próprio cuidado termina debilitando a sua estima pessoal. Vale ressaltar que esse cuidado pessoal mencionado se refere àquele que custa algum prejuízo ao bem alheio. Quando, para cuidarmos de nós, atendendo aos nossos próprios interesses, causamos lesão a alguém, estabelecem-se os princípios naturais que estão arquivados em forma de sentimento de culpa pela nossa transgressão às leis divinas ou naturais. Essa culpa é a fonte corrosiva da estima pessoal, porque, ao tomarmos consciência do mal que semeamos e decidimos repará-lo, vamos nos sentir pequenos e sem valor. A essa dor interior damos o nome de expiação, a dor de ter de conviver o tempo todo com o que sentimos a nosso respeito.

Com base nessa baixa autoestima, todo um complexo de operações toma conta dos sentimentos, das atitudes, dos estados psíquicos e do campo energético.

Nos campo dos sentimentos, ilustração 4, a vida afetiva do depressivo pode girar em torno de quatro padrões: tristeza, culpa, medo e raiva, desenvolvendo diversos sintomas, como inadequação, sensação de não merecimento, incapacidade, ausência de motivação, baixa tolerância à frustração, sentir-se insuficientemente bom para ser amado, crença de que não dará conta da vida, entre outros.

No campo das atitudes, ilustração 5, são mais comuns quatro condutas: a arrogância, o perfeccionismo, a rigidez e o desrespeito aos limites pessoais que, ora são causas, ora são efeitos de dependência emocional, da idealização como mecanismo de defesa, da inaceitação da realidade e autonegação.

No campo mental, ilustração 6, como resultado desses sentimentos e atitudes, nascem os estados psíquicos de aflição, de tormenta mental, de carência e angústia.

No campo da esfera energética, ilustração 7, todo esse conjunto de perturbações gera uma intensa desvitalização, com agregação de farto morbo psíquico provocando congestão ou escassez energética e desalinhamento dos chacras. Alguns dos órgãos mais atingidos por esses processos energéticos são os pulmões e os intestinos.

Sentimentos, atitudes, estados psíquicos e energéticos decorrem da interação dessas forças entre subconsciente, consciente e superconsciente, os três níveis da casa mental.

É nesse subconsciente da casa mental que se encontram todas as matrizes de um quadro depressivo. E no consciente é detectada apenas uma parcela de todo esse processo. Por essa razão, estamos enfocando a educação emocional como ponto fundamental de cura do depressivo. Quanto mais consciência emocional ele adquire sobre essa interação de seus níveis mentais, mais possibilidade de gerir sua vida interior ele conquista.

SENTIMENTOS

Ilustração 4

Ilustração 5

ESTADOS PSÍQUICOS

Ilustração 6

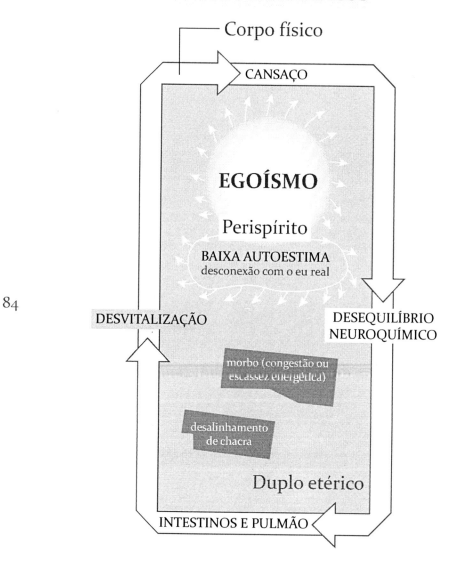

Ilustração 7

"Quando, para cuidarmos de nós, atendendo aos nossos próprios interesses, causamos lesão a alguém, estabelecem-se os princípios naturais que estão arquivados em forma de sentimento de culpa pela nossa transgressão às leis divinas ou naturais."

"E o filho lhe disse: Pai, pequei contra o céu e perante ti, e já não sou digno de ser chamado teu filho." [1]

Lucas

---

1   Lucas 15:21.

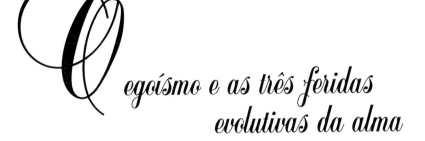

O egoísmo e as três feridas evolutivas da alma

Essa dinâmica mental centrada no ego, provavelmente, é a causa básica de todas as dores humanas. É o que nos afasta de nossa essência luminosa. A depressão é um resultado mental e emocional do distanciamento de Deus, que está na intimidade de cada um de nós. Deus entendido como força divina que está adormecida em nós. Deus entendido como Self, ou seja, a parte mais nobre de nós mesmos, os nossos talentos e vocações para o bem e para a luz.

Por conta dessa excessiva centralização no ego, construímos um emaranhado de sentimentos no qual nos aprisionamos. Os mais antigos são a sensação de inferioridade, abandono e fragilidade. São as chamadas *feridas evolutivas da alma*, efeitos lamentáveis da repetição do nosso comportamento milenar.

O sentimento de inferioridade é a base da baixa autoestima.

A dor do abandono é a raiz de muitos medos.

E a emoção de ser frágil leva ao clima da dolorosa sensação de incapacidade e falta de fé. De toda essa constelação de sentimentos surge a indignidade a se expressar como a sensação de não merecer a felicidade e o bem em nossa vida. Vide ilustração 8.

Ilustração 8

A parábola do Filho Pródigo é um resumo desse caminhar evolutivo que deixou sequelas emocionais, psíquicas e morais na alma. Faremos algumas reflexões para ilustrar com o próprio texto do Evangelho, como se constrói uma depressão na esteira das reencarnações.

> "E disse: Um certo homem tinha dois filhos; E o mais moço deles disse ao pai: Pai, dá-me a parte dos bens que me pertence. E ele repartiu por eles a fazenda. E, poucos dias depois, o filho mais novo, ajuntando tudo, partiu para uma terra longínqua, e ali desperdiçou os seus bens, vivendo dissolutamente." [1]

Esse é o retrato da evolução espiritual na Terra. Tomamos a decisão de usar nossa herança divina, que nos foi confiada pelo Pai, e partimos para um lugar espiritual longínquo das leis divinas, em desacordo com as leis sábias da vida gravadas em nossa própria consciência. E distantes, desperdiçamos e esbanjamos a herança paternal, vivendo de modo infeliz, dissoluto.

É o nosso ato de rebeldia, de não aceitarmos o que seria o melhor para o nosso bem. É a nossa atitude milenar de egoísmo.

> "E, havendo ele gastado tudo, houve naquela terra uma grande fome, e começou a padecer necessidades. E foi, e chegou-se a um dos cidadãos daquela terra, o qual o mandou para os seus campos, a apascentar porcos. E desejava encher o seu estômago com as bolotas que os porcos comiam, e ninguém lhe dava nada." [2]

---

1   Lucas 15:11 a 13.
2   Lucas 15:14 a 16.

E então, nessa postura de teimosia diante dos estatutos sagrados, começamos a padecer necessidades. Surge o vazio existencial, o estado crônico de inconformação e as feridas evolutivas da alma: inferioridade, abandono e fragilidade. Começamos, então, a nos nutrir com a pior espécie de alimento para a alma ante as condições impostas pela depredação dos tesouros morais que esbanjamos no egoísmo.

"E, tornando em si, disse: Quantos jornaleiros de meu pai têm abundância de pão, e eu aqui pereço de fome! Levantar-me-ei, e irei ter com meu pai, e dir-lhe-ei: Pai, pequei contra o céu e perante ti; já não sou digno de ser chamado teu filho; faze-me como um dos teus jornaleiros." [3]

Depois de muito sofrer, desnutridos do alimento divino, caímos na realidade e percebemos que é hora de nos levantar e ir ter com o Pai. É o arrependimento. E todo arrependimento traz junto o sentimento de indignidade, o resultado das três feridas evolutivas mais profundas: inferioridade, abandono e fragilidade. É o reinício da caminhada.

"E, levantando-se, foi para seu pai; e, quando ainda estava longe, viu-o seu pai, e se moveu de íntima compaixão e, correndo, lançou-se-lhe ao pescoço e o beijou." [4]

E nesse caminho de volta para Deus, em busca da nossa paz, mesmo ainda estando tão longe do objetivo, o Pai vela por nós. Ele nos vê a **distância**, nos tutela. *Longe* é a palavra que melhor define nossa condição espiritual diante das

---

3 Lucas 15:17 a 19.
4 Lucas 15:20.

leis divinas. Esse *longe* significa que estamos, hoje, apenas começando a aceitar colher os frutos da nossa infeliz decisão de esbanjamento psíquico e moral, pois ainda sofremos a culpa, o remorso, a mágoa, a tristeza e a depressão. Depressão como sintoma de afastamento de nossos potenciais sagrados.

> "E o filho lhe disse: Pai, pequei contra o céu e perante ti, e já não sou digno de ser chamado teu filho. Mas o pai disse aos seus servos: Trazei depressa a melhor roupa; e vesti-lho, e ponde-lhe um anel na mão, e alparcas nos pés;" [5]

Quando começamos a dizer algo a Deus, assumindo nossa condição de filhos necessitados de seu amor, conscientes de nossa indignidade perante o que fizemos no passado, prontamente Deus providencia todos os recursos para nos mostrar que não perdemos a condição de filhos na obra divina.

É o início da reparação, a etapa mais importante de nossa remissão consciencial.

É o momento de realizarmos e construirmos todo o bem possível, em nosso favor e em favor daqueles que nos rodeiam.

> "Mas era justo alegrarmo-nos e folgarmos, porque este teu irmão estava morto, e reviveu; e tinha-se perdido, e achou-se." [6]

E Deus não só nos acolhe como filhos que desejam a reparação como também se alegra e reúne todas as condições necessárias ao nosso recomeço, mesmo entre aqueles que se sentem injustiçados com nossas atitudes insanas.

---

5   Lucas 15:21 e 22.
6   Lucas 15:32.

Vencer essa depressão significa recomeçar, retomar as rédeas da existência. Superar o egoísmo com a fé, porque a fé implica sair de si mesmo, acreditar nos valores superiores da alma e assumir novas posturas diante de nós mesmos, da vida e de Deus.

O egoísta deposita toda a fé no ego. Quem ama reconhece seus limites, aceita os limites alheios e suplica as forças que faltam para caminhar. Essa é a proposta da vitória sobre a depressão. Mas é necessário que esta proposta nasça nas fontes mais profundas do próprio Ser.

Esse trajeto evolutivo focado no egocentrismo é um traço geral dos Espíritos que reencarnam na Terra. Para o Espiritismo, é a doença raiz de todos os males terrenos. Em algum grau, todos nós experimentamos as consequências desse egoísmo no campo psíquico e emocional em forma de inferioridade, abandono e fragilidade. A baixa autoestima, o medo e a sensação de incapacidade são bem típicos na maioria das pessoas nesse planeta de provas e expiações.

Para o depressivo, porém, esses estados são aterrorizantes, perturbadores. Por isso, a psiquiatria os chama de "transtornos afetivos". Por esse motivo ele tem enorme dificuldade em aceitar a vida, porque está atormentado pelos reflexos enfermiços dessas três feridas que se manifestam de formas infinitamente variadas em cada caso particular, de conformidade com as conquistas e imperfeições de cada qual.

E essas feridas evolutivas são o alicerce de um dos mais velhos sentimentos da humanidade terrestre: a indignidade. É como diz o Filho Pródigo da parábola evangélica: "E o filho lhe disse: Pai, pequei contra o céu e perante ti, e já não sou digno de ser chamado teu filho".

A condição emocional de indignidade é a origem da tristeza, da dor inexplicável que atormenta a rotina do depressivo. Não se sentir digno de viver, de ser feliz, de curar-se, de progredir. Não se sentir digno de merecer o melhor é a maior dor que lhe fere as fibras profundas da sensibilidade

A tristeza que chega a ser tomada como sinônimo de depressão é apenas a expressão de um processo interior complexo e que sofre muitas mutações. O depressivo crônico não consegue explicar o que acontece com ele, porque é complexo o histórico de uma doença construída em milênios. Aparentemente não existe motivo para seu estado de tristeza. Todavia, um exame sensato e cuidadoso sob essa perspectiva das vidas corporais passadas favorece um histórico clínico e espiritual da doença mais adequado às necessidades do enfermo. Compreender o caminho evolutivo do Espírito que estruturou esse piso emocional de indignidade muito auxilia na elaboração de um diagnóstico seguro e eficaz em favor da recuperação da saúde. Vide ilustração 9.

À luz da reencarnação, o Espírito em depressão crônica já renasce com um quadro de tristeza acentuado. Seu estado de inconformação com a vida, com suas características físicas e emocionais e com sua realidade social lhe acarreta um sofrimento muito intenso.

Apesar desse trajeto milenar com tanto a ser ajustado, o mais importante é saber que fomos criados para a felicidade, e toda enfermidade tem cura, assim como a depressão.

A parte mais linda da parábola é a que diz respeito à misericórdia paternal, que se manifesta em dois momentos especiais. O primeiro é quando a narrativa nos traz que "(...) viu-o seu pai, e se moveu de íntima compaixão e, correndo, lançou-se-lhe ao pescoço e o beijou". Deus está à nossa espera, desde sempre, de braços abertos para nos acolher e dar carinho em qualquer tempo.

O segundo é a parte da parábola em que, além de nos acolher e beijar, o Pai diz: "(...) Trazei depressa a melhor roupa; e vesti-lho, e ponde-lhe um anel na mão, e alparcas nos pés;(...)". Aqui ele nos restitui a dignidade de filhos do Seu amor!

Tudo tem jeito quando desejamos sinceramente refazer o caminho. O fato de renascermos no corpo já significa uma chance de recomeço, a oportunidade de dar início à nossa recuperação. Fiquemos tranquilos, não faltará ajuda nesse caminho. Estejamos abertos a nos tratar, usando tudo o que seja necessário para nossa renovação, aqui incluindo medicação, psicoterapia e ajuda espiritual, sempre que possível. Não esqueçamos, entretanto, os passos na direção de nossa educação emocional, o ponto essencial para nossa cura e libertação.

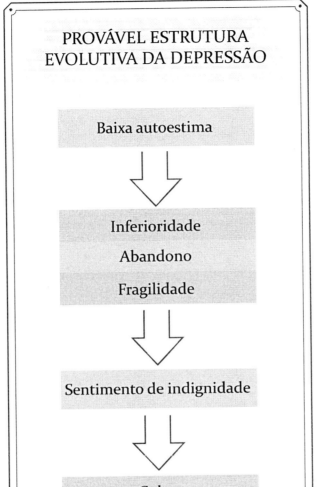

Ilustração 9

08

"Ser desapegado não significa que não podemos apreciar nada ou gozar o prazer da companhia de alguém. Na verdade, refere-se ao fato de que se nos apegarmos fortemente a qualquer coisa ou pessoa isso nos causará problemas. Tornamo-nos dependentes dessa coisa ou pessoa e pensamos: 'se eu perder isso ou não puder tê-lo para sempre, ficarei infeliz'. Desapego significa: 'se eu conseguir a comida que eu gosto, ótimo. Mas se a não conseguir, tudo bem. Não é o fim do mundo'. Não há apego por aquilo." [1]

Dalai Lama Tenzin Gyatso

---

[1] Entrevista concedida em Cingapura, 10 de agosto de 1988 - Fragmento revisto de Berzin, Alexander e Chodron, Thubten. Glimpse of Reality. Cingapura: Amitabha Buddhist Centre, 1999.

Apego, a raiz do sofrimento humano

Depressões construídas no tempo são verdadeiras prisões emocionais corretivas. Depois desse caminhar milenar com o foco mental centrado em nós mesmos, surge um dos sentimentos mais difíceis de superar nas linhas evolutivas da Terra: o apego.

O apego é o laço energético, emocional e espiritual que cria grande parte do sofrimento humano, aprisionando nossa vida mental na órbita da maior imperfeição moral: o interesse pessoal baseado no egoísmo.

O budismo, ao estabelecer a proposta das "Quatro Nobres Verdades", deixa bem claro que o apego é uma das raízes dos sofrimentos humanos. Nosso desejo de possuir, de ter ao invés de ser, nos leva às ilusões e essas à dor.

A parábola do Filho Pródigo ilustra essa nossa velha conduta. Isso fica muito claro no trecho: "E, poucos dias depois, o filho mais novo, ajuntando tudo, partiu para uma terra longínqua, e ali desperdiçou os seus bens, vivendo dissolutamente". O filho queria o que lhe pertencia e ele ajuntou tudo. E o que nos pertence legitimamente? Para que ajuntarmos?

Esse enfoque serve, também, para fazer uma radiografia emocional da depressão. Esse apego surge de um comportamento repetitivo. É uma prisão em nós mesmos. Uma prisão corretiva, porque chega um momento em que, ao longo das reencarnações, não existe mais suporte mental para a sanidade e a saúde após a repetição intencional dessa conduta destrutiva.

Outros efeitos nocivos decorrentes do apego passam a encarcerar nossa mente em experiências ainda mais dolorosas. O medo é a primeira delas. Vide ilustração 10.

Quem se apega tem enorme medo de perder. Nessa ótica, a depressão pode ser analisada como a dificuldade da criatura em aceitar a realidade de perder. Perder algo ao qual se encontra agarrado há muito tempo. Perder algo de seu interesse pessoal.

Quando temos esse medo cruel de perder irradiado das nascentes do coração, consumimo-nos no sentimento de tristeza. Tristeza é a emoção que indica uma necessidade de adaptação. Quando nos rebelamos em nos adaptar, essa dor se prolonga, podendo chegar a seu ponto de saturação, chamado depressão. Falaremos sobre o sentido sagrado da tristeza mais adiante no texto.

A pessoa entristecida e que se sente continuamente inconformada com as situações que a entristecem forma um campo psíquico e emocional para a rebeldia, conduta muito presente nos quadros de depressão. Essa rebeldia, por sua vez, pode abrir um leque de sentimentos e comportamentos na vida de relação do depressivo, tais como: mau humor, agressividade, culpa,

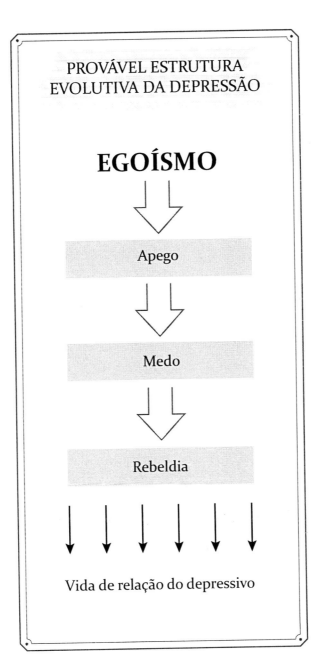

Ilustração 10

melindre, personalismo, vaidade, mágoa, inveja, confusão mental, baixa de energia, irritabilidade, raiva, solidão, dependência, pessimismo, inquietação, desesperança, angústia, rejeição, fragilidade, abandono e inferioridade.

Para todos nós, a experiência da perda é muito desafiadora. Para o depressivo é algo pior ainda. É pior porque a mola mestra de sua vida mental é a rebeldia em aceitar a realidade. Como fator agravante, muitas dessas supostas perdas não são reais, pois ocorrem em razão das idealizações do depressivo. Daquilo que ele achava que era de uma forma e é de outra.

Um exemplo muito típico são os fracassos financeiros. Para quem está em depressão, perdoar-se por um negócio malfeito ou pelo fracasso de um empreendimento é algo praticamente inviável dentro do seu conceito doentio. Ele, possivelmente, se vê como uma pessoa tão capacitada e competente que o ato de falhar o surpreende dolorosamente. Ao deparar com a realidade da falha, ele examina a vivência por uma ótica rigorosa e exagerada, como se fosse o pior dos fracassados.

Em outras circunstâncias, a dificuldade é aceitar a perda de amigos, parentes e pessoas de sua relação. Alguém o magoa diante de uma confiança exacerbada ou de uma facilidade que ele criou para essa pessoa, e depois, quando ela age de forma não esperada, vem a decepção. As expectativas do depressivo não são atendidas, e ele tem uma exacerbada sensação de perda, de fracasso.

Quem não aceita a realidade da vida como ela é, nem aceita as pessoas como são faz em seu campo mental um juízo muito distante da realidade e, quando os fatos e as pessoas se manifestam como são, há um sentimento de revolta no depressivo. Ele se encontra tão apegado às suas crenças idealistas, aos seus conceitos limitadores, aos seus sentimentos tóxicos e aos seus pensamentos fixos que não admite a realidade. Ele cria uma resistência e prolonga sua dor. Esse apego apaixonado às expectativas pessoais em relação à vida e ao ato de viver talvez seja sua maior dor.

A colocação do Dalai Lama é de muita sabedoria:

> "Ser desapegado não significa que não podemos apreciar nada ou gozar o prazer da companhia de alguém. Na verdade, refere-se ao fato de que se nos apegarmos fortemente a qualquer coisa ou pessoa isso nos causará problemas. Tornamo-nos dependentes dessa coisa ou pessoa e pensamos: 'se eu perder isso ou não puder tê-lo para sempre, ficarei infeliz'. Desapego significa: 'se eu conseguir a comida que eu gosto, ótimo. Mas se a não conseguir, tudo bem. Não é o fim do mundo'. Não há apego por aquilo".

É quando o interesse pessoal se transforma em paixão que as coisas se tornam um problema.

O egoísmo é o apego ao nosso ego, a paixão pelo que acreditamos, pensamos, sentimos, fazemos. É essa conduta milenar que adoece moralmente e psiquicamente todos nós aqui na Terra. Ela construiu a ilusão da perfeição, a idealização de um ser humano ideal em detrimento de um ser humano real.

O depressivo é alguém que já está sendo convocado há um bom tempo para sair desse comportamento, porém tem rejeitado aceitar essa mudança.

A depressão não é um castigo, mas um alerta, um indicador de saturação. Acreditamos que o depressivo é alguém que, provavelmente, já vem sofrendo demais nesta e em outras vidas, e a doença é um pedido da vida para que ele perceba que também merece ser feliz. Depressão não é imposição, é colheita e também semeadura. Quando a depressão acontece, é um sinal da vida querendo abrir os olhos do depressivo para a realidade da sua existência. Uma realidade melhor que aquela na qual ele pretende se manter por rebeldia e apego.

"O apego é o laço energético, emocional e espiritual que cria grande parte do sofrimento humano, aprisionando nossa vida mental na órbita da maior imperfeição moral: o interesse pessoal baseado no egoísmo."

"Não procurem o sucesso. Quanto mais o procurarem e o transformarem num alvo, mais vocês vão errar. Porque o sucesso, como a felicidade, não pode ser perseguido; ele deve acontecer, e só tem lugar como efeito colateral de uma dedicação pessoal a uma causa maior que a pessoa, ou como subproduto da rendição pessoal a outro ser." [1]

Viktor E. Frankl

---

[1] Frankl, Viktor E. *Em Busca de Sentido*, prefácio do autor à edição de 1984, Editora Vozes.

Um sentido para viver

No centro das várias dores emocionais experimentadas pelo depressivo, descritas nos capítulos anteriores, está a dor do vazio, aquela dor que pode ser definida como a ausência de sentido para viver.

As frases mais comuns a respeito dessa dor são: "sinto uma dor aqui no peito", "tenho uma angústia não sei por qual razão", "experimento um sentimento que dói e não sei o seu nome", "tenho um vazio intenso que me corrói", "é como se eu estivesse preso a algo aqui dentro de mim", "sinto que não tenho motivos para viver".

Essa ausência de sentido na vida está presente, na grande maioria dos quadros de depressão, ora como causa agravante, ora como efeito da doença em si mesma.

Só mesmo compreendendo o trajeto feito por nós ao longo da nossa caminhada reencarnatória, repleta de egocentrismo, será possível entender a razão dessa ausência de motivos para viver. Quando centramos todas as nossas aspirações em nós mesmos, fechando-nos em nosso egoísmo, temos como consequência dessa semeadura a corrosão da estima e do valor pessoal.

Ausência de sentido para viver tem íntima relação com estima pessoal.

Quanto mais estima, mais vida. Quanto menos amor a nós mesmos, menos vitalidade nos ideais.

Nossa percepção do existir e do ser é que dá à vida uma conotação otimista ou pessimista, um ideal para lutar ou a desmotivação para acreditar.

Por isso, o doutor Viktor Frankl, criador da logoterapia, um homem que formulou toda a sua teoria psicológica com base em experiências vividas nos campos de concentração nazistas, fala em dois pontos substanciais para a construção do sentido de viver: uma causa maior que a pessoa ou efeito da rendição a outra pessoa. Ambos os tópicos deixam, de forma subliminar, a mensagem de que o amor a uma causa ou a alguém, amor incondicional, nascido do íntimo do ser, torna-se a razão de existir e viver. No fundo, seja por uma causa, seja por alguém, o amor é a mola mestra desse processo.

O amor é mesmo o alimento da vida. Somente com ele e por ele podemos construir razões para viver. Somente quando amamos encontramos motivação para continuar existindo e avançando.

E por que isso acontece? É simples! O amor é a antítese desse egoísmo milenar e tóxico. O amor nos desloca de nós mesmos em direção a algo ou alguém, e isso cria um movimento interior em contraposição àquilo que nos habituamos, ao longo de grande período de tempo, que é dar foco ao nosso ego. É um comportamento novo e libertador para criaturas que sofrem de egoísmo.

O doutor Viktor Frankl, em seu livro, narra suas vivências nos campos de concentração e observou que possuir pequenos motivos para continuar vivendo é a alma da existência. Ele notou que a troca de pequenos objetos de uso pessoal naquelas condições sub-humanas se tornou a alegria e a motivação de muitas pessoas, e os que não tinham pelo que viver eram os primeiros a morrer.

Retomando a linha de raciocínio que desenvolvemos até aqui, veremos que o resultado dos sentimentos, atitudes, estados psíquicos e energéticos pode ser resumido em uma única expressão: INSATISFAÇÃO CRÔNICA COM A VIDA, que é exatamente a sensação dolorosa de ausência de sentido para viver. Vide ilustração 11.

Com essas reflexões, começamos a preparar o caminho para penetrar no tema central da obra. A cura da depressão envolve, portanto, a construção de um sentido para a vida, a reordenação de todo o complexo de emoções que eclodem dentro da criatura, direcionando-a para algo que a preencha e vitalize.

Qualquer tratamento terapêutico que vise a cura do depressivo deverá passar por um processo lento e gradativo sobre como lidar, antes de tudo, com o que acontece dentro do próprio coração adoecido. Se o depressivo não respeitar sua própria intimidade e não for devidamente orientado sobre como encontrar essa causa de amor maior ou a quem se dedicar, ele poderá continuar preso aos ciclos viciosos de sua vida mental sem se encontrar e sem nada que faça seus olhos brilhar.

Ilustração 11

Somente no amor encontraremos o caminho da libertação. Isso implica dizer que o depressivo necessita aprender a se amar também. Antes mesmo de encontrar algo pelo que viver ou conjuntamente com esse movimento, ele precisa de orientação sobre como prezar a si mesmo, aprender a gostar de si como é, mas também a viver intensamente por algo ou alguém e que essa motivação se torne maior que ele mesmo.

Nesse momento que atravessamos na Terra, diante da escassez de sentido da vida, para algumas pessoas viver se resume a trabalhar, ganhar seu salário, ter um instante para se divertir e cuidar das necessidades básicas. Muitas pessoas ficarão muito bem apenas com isso, porque não dão conta de ir além. Cada um de nós tem seu nível de consciência e suas necessidades.

Para outros que já foram iluminados por ideais espirituais superiores, a construção do sentido para viver implica ações mais arrojadas em torno de uma causa ou das pessoas que amam.

Elaborar um sentido para a vida é mesmo um tema bem particular diante das diversas experiências da alma. Querer determinar isso a alguém é algo muito delicado, que pode nos encarcerar no terreno do julgamento e do preconceito.

Cada Espírito se encontra em um patamar de vivências no que diz respeito ao adoecimento ou à cura. Cada histórico é diferente, e não podemos generalizar nada neste assunto.

Para muitas pessoas a insatisfação crônica com a vida já vem de berço, outros terão um período mais intenso de dor e depois sairão desse turbilhão de vazio interior, e ainda existem aqueles que vão experimentar essa dor intermitentemente. Tudo depende da forma como cada qual se comporta perante as lições da existência.

O mais importante é que jamais desistamos de buscar a saída, a cura, a libertação. E só existe um caminho para isso: perseverar sempre, sem jamais desistir de si mesmo e amar incondicionalmente.

Vamos analisar quais os passos para esse "cuidar de si mesmo" à luz do amor e do bem.

"Quanto mais estima, mais vida. Quanto menos amor a nós mesmos, menos vitalidade nos ideais."

"*Toda doença é uma mensagem direta dirigida a você, que lhe diz que você não tem amado quem você é, nem se tratado com carinho a fim de ser quem você é. Essa é a base de todo tratamento.*"[1]

Barbara Ann Brennan

---

[1] Brennan, Barbara Ann. Saúde, um Desafio para Você ser Você Mesmo. *Mãos de Luz*, Editora Pensamento.

O tratamento da depressão por meio da educação emocional

A cura da depressão vem do desenvolvimento do poder pessoal que você possui e desconhece em si mesmo.

Assim como abordamos anteriormente, ela foi construída com atitudes, sentimentos e modos de pensar. Da mesma forma, somente mediante um esforço reeducativo desses potenciais da alma e da mente a libertação definitiva pode ser conquistada. A cura é resultado de uma vida interior afinada com os valores morais nobres e com as ações em consonância com as leis de sabedoria e amor escritas na consciência.

O remédio, a terapia e ajuda espiritual serão fundamentais para que o doente encontre forças mínimas e condições mentais para iniciar esse árduo trabalho de autoeducação. São ferramentas abençoadas para atenuar a dor. São tratamentos que abrandam os sintomas da doença.

Cura tem outro significado. Cura é libertação. Cura é consolidar na alma a mensagem que a dor quer ensinar. Cura é um processo lento de recuperação da luz interior que foi

temporariamente ofuscada pelas sombras do egoísmo e da rebeldia.

Desenvolveremos passos importantes que servirão de referências nessa caminhada de transformações, que promovem o depressivo à condição de curador de si mesmo. Será muito importante entender este capítulo, pois ele será a base para vários outros seguintes.

A proposta de educação emocional não deve ser considerada uma receita mágica e muito menos um caminho para soluções imediatas. Cada depressivo, sob a ótica do espírito imortal, é uma particularidade e tem seu momento pessoal de descobrimento e amadurecimento. O mais importante é que ele aprenda a criar uma relação libertadora com a doença para não transformá-la em uma história de dor que não ensina nem redime.

Evidentemente, quando se tratar de um quadro severo de depressão, as recomendações a seguir terão melhor resultado para quem já buscou o apoio da medicação e outros gêneros de tratamento que ofereçam um alívio e permitam as condições psicológicas mínimas para um trabalho de educação emocional. Qualquer proposta de educação diante do sofrimento passa primeiro por essa fase de alívio, para que, posteriormente, se empreenda um esforço mais bem orientado e de melhores resultados.

Seria insensato esperar uma mudança de atitudes ou um trabalho terapêutico eficaz de um depressivo em estado agudo. O sucesso da cura por meio da educação emocional é similar a um terreno no qual se vai lançar uma

semente para plantio. É necessário preparar o solo e depois fazer a semeadura.

O tratamento da depressão tem quatro dimensões: a orgânica, a psíquica, a espiritual e a sociocomportamental. Esse trabalho de educação emocional é o ponto crucial da recuperação do depressivo, porque é a dimensão na qual a depressão foi construída, ou seja, nas suas atitudes, na sua vida de relação com seus irmãos de caminhada evolutiva e nos reflexos íntimos arquivados no inconsciente em decorrência desse proceder. A traição, a corrupção, a crueldade, a ofensa e todas as ações egoísticas não afetam apenas bens e patrimônios físicos, mas pessoas, corações, elos afetivos. E os registros dessas ações ficam na consciência de quem as praticou. É assim que nascem todas as doenças. Tomados por severos complexos de culpa provenientes do inconsciente diante da consciência, o Espírito, a exemplo do Filho Pródigo, perde temporariamente a conexão com seu Deus interno, com sua essência divina.

Enumeraremos alguns passos para nos ajudar a entender o que é e como fazer a educação emocional. Esses passos não obedecem a uma ordem de importância nem de sequência. Cada caso se aplica de conformidade com as características de cada pessoa. Faremos, neste capítulo, um breve resumo de cada passo e os detalharemos nos capítulos seguintes, nos quais aprofundaremos e ampliaremos o conteúdo sobre cada um deles.

O primeiro passo é aprender a função sagrada das emoções em nossa vida.

Infelizmente, fomos educados para entender que algumas emoções são ruins ou negativas em nossa forma de ser. Isso nos trouxe, como consequência, um conflito destrutivo com aquilo que sentimos.

O sofrimento só pode nos educar quando temos consciência do que ele quer nos ensinar.

Reconhecer a emoção, entender ou apreciar sua função luminosa e usá-la na ecologia de nosso emocional é o caminho da harmonia.

O segundo passo é aprender a nos tratar com bondade e amor, a gostar de nós mesmos, construir uma valorosa estima pessoal.

Por ausência dessa autoestima, uma das características da depressão é a expectativa exacerbada que temos em relação a nós mesmos, afogando-nos em cobranças, culpas e no perfeccionismo para atender as nossas expectativas e as dos outros. Só haverá esse amor a nós mesmos quando houver uma amenização nessa expectativa cruel acerca de nosso desempenho como ser humano, quando houver a perda da ilusão da perfeição e a aceitação de nossa condição falível.

Tratar-nos bem significa aplicar a prática da aceitação, do amor a nós mesmos como somos e como nos encontramos. Aceitar é parar de remoer falhas e exigências descabidas sobre nossa conduta e avançar por meio do perdão e da reparação. Quem se ama encontra poder e vida para ser quem é e prosseguir vivendo de modo leve e responsável. Quem se cobra o tempo todo e atola-se na culpa não encontra energia para reavaliar-se e muito menos recomeçar.

O terceiro passo é tomar conta de nossa vida e transformar os contextos ou gatilhos depressivos.

Contextos ou gatilhos são aquelas situações típicas que interferem para aumentar a nossa insatisfação e que disparam estados íntimos de infelicidade, tais como: relacionamentos destrutivos ou tóxicos, dependência financeira de pais ou parentes, empregos desgastantes, carreiras em desacordo com a vocação, mágoas que não foram superadas, decisões que já deviam ter sido tomadas e, enfim, tudo aquilo que pesa para tornar a vida mais triste e infeliz.

É bom lembrar que esses contextos não são as causas da depressão, são fatores coadjuvantes e estimuladores de mais dor emocional. São aqueles gatilhos que já abordamos anteriormente.

Aceitar que são necessárias essas mudanças talvez seja um dos nossos maiores desafios, pois costumamos usar de muita teimosia em querer fazer "arranjos" nesses contextos que apenas maquiam sua influência nociva e determinante na nossa vida psíquica.

Ficaremos apenas com esses passos, ilustração 12, e mais adiante esse trabalho interior de educar nossa alma.

O trabalho de autoeducação certamente é bem mais penoso que tomar uma pílula, participar de sessões psicoterápicas e receber os benefícios do atendimento espiritual, entretanto, é o caminho da cura real. A propósito, façamos uma distinção importante. Autoconhecimento e autoeducação não são a mesma coisa.

O autoconhecimento é o movimento interior de nos descobrir, de examinar nossa intimidade profunda. Autoeducação é o serviço pessoal e intransferível de apren-

der a lidar, de forma construtiva, com o que descobrimos sobre nós mesmos. É saber lidar com as forças sombrias da alma e fazer desabrochar os potenciais luminosos que se escondem em cada uma delas.

Autoconhecimento é tomar consciência do PARA QUE SERVE cada um dos sentimentos e dores dentro de nós. Autoeducação é saber COMO usá-los para nos iluminar e crescer.

O grande objetivo da educação espiritual é criar uma relação de paz com nosso sombrio e extrair verdadeiros diamantes de lições dessa atitude. Parece-me ser isso a que se refere Barbara Ann Brennam: "Toda doença é uma mensagem direta dirigida a você, que lhe diz que você não tem amado quem você é, nem se tem tratado com carinho a fim de ser quem você é. Essa é a base de todo tratamento". Em uma metáfora, esses três passos poderão ser a melhor pílula antidepressiva.

PÍLULAS ANTIDEPRESSIVAS

Ilustração 12

"É importante para a meta da individuação, isto é, da realização do si-mesmo, que o indivíduo aprenda a distinguir entre o que parece ser para si mesmo e o que é para os outros. É igualmente necessário que conscientize seu invisível sistema de relações com o inconsciente, ou seja, com anima, a fim de poder diferenciar-se dela. No entanto, é impossível que alguém se diferencie de algo que não conheça."[1]

Carl Gustav Jung

---

[1] *The Collected Works of CG Jung*, (CW), 17, Volume VII, pár. 28.

O primeiro passo – aprender a função sagrada das emoções

Um jovem de 15 anos, sem Carteira de Habilitação, pega a direção de um automóvel e sai em disparada. O que provavelmente vai acontecer? Um acidente é claro! A responsabilidade é do carro ou do jovem?

Obviamente o carro é uma tecnologia de conforto e segurança criada para o bem, o uso que dele se faz é que o torna perigoso. Portanto, cabe ao jovem responder pelos resultados da má utilização.

Essa metáfora nos ajuda a compreender o assunto deste capítulo. As emoções e os sentimentos são recursos naturais adquiridos na evolução humana com intuitos de progresso. São como o carro, criado para o bem. O uso que deles se faz depende de como o condutor os utiliza.

Assim, emoções que são nomeadas como ruins ou negativas são apenas aquelas com as quais não sabemos o que fazer e, por essa razão, elas se tornam tóxicas, venenosas, destrutivas.

A culpa, a tristeza, a mágoa, a inveja, o medo, a angústia, o ciúme, a arrogância e o próprio egoísmo, além de quaisquer outros sentimentos rotulados de maus, têm um sentido positivo dentro da ecologia emocional dos seres humanos.

Em *O Livro dos Espíritos*, questão 907, isso fica claro:

"Será substancialmente mau o princípio originário das paixões, embora esteja na natureza?"

"Não; a paixão está no excesso de que se acresceu a vontade, visto que o princípio que lhe dá origem foi posto no homem para o bem, tanto que as paixões podem levá-lo à realização de grandes coisas. O abuso que delas se faz é que causa o mal."

As emoções que fogem ao nosso controle e nos dominam são chamadas de paixões. Elas escravizam e tomam conta da vontade. Isto explica por que são chamadas de negativas. Sem o nosso domínio sobre elas, suas funções educativas não são desempenhadas.

E Allan Kardec, na questão 908, comenta:

"Todas as paixões têm seu princípio num sentimento, ou numa necessidade natural. O princípio das paixões não é, assim, um mal, pois que assenta numa das condições providenciais da nossa existência. A paixão propriamente dita é a exageração de uma necessidade ou de um sentimento. Está no excesso e não na causa e este excesso se torna um mal, quando tem como consequência um mal qualquer."

As paixões originam-se em um sentimento ou em uma necessidade natural, tais como necessidade de comer, conservar-se, descansar, enfim, necessidades físicas, psicológicas, sociais e espirituais. Um bom exemplo disso é o instinto de conservação, que é uma necessidade natural humana. Quando levada ao nível de paixão, torna-se um egoísmo devastador. Outro exemplo é o sentimento de orgulho, que, sob impulso da paixão, transforma--se em arrogância.

Um sentimento como a inveja, que originalmente é para o bem, cuja função é despertar a nossa capacidade criativa para desenvolver aquilo que nos chama a atenção em outrem, hoje conduzido como paixão escravizante, cria mecanismos sórdidos na convivência que abalam a estima pessoal e o bem-estar das relações.

Cada sentimento que experimentamos tem um significado sagrado e um outro que foi atribuído por nosso processo evolutivo, construído por meio de paixões e hábitos milenares.

Com base nessas paixões e hábitos, foram construídos significados àquilo que nós sentimos, e assim foi formado um sistema de crenças profundo que gerencia o modo como lidamos com a vida emocional.

A culpa, por exemplo, é um ótimo sentimento, é uma pista e um convite a reciclar nossas crenças mais enraizadas e, no entanto, nós atribuímos a ela o sentido de que foi feito algo de errado, que merece repreensão, e automaticamente surge um quadro mental de autoacusação e crítica chamado remorso.

Não existe nada dentro de nós que não tenha uma função divina e educativa. O que falta é treinamento para compreendermos as emoções e seus recados, falta educação emocional para saber lidar com os objetivos de cada emoção. Cada uma delas é uma pista sobre o mundo interior. Não existe emoção sem finalidade educativa dentro da ecologia mental e espiritual do ser.

Educar-nos emocionalmente é construirmos novos significados para aquilo que sentimos, tomando consciência dos objetivos nobres das emoções.

O significado que é dado a cada emoção está de acordo com as nossas crenças. Elas são a maior expressão do apego desenvolvido em função dessa trajetória no egoísmo. As crenças dão qualidade aos sentimentos. Estão profundamente enraizadas na fieira das reencarnações.

A depressão pode ser vista como um convite da vida para reciclarmos as crenças que têm o poder de criar a nossa infelicidade. Um convite para reciclarmos o que acreditamos sobre nós mesmos, o próximo e a vida.

É muito confortador esse conceito de depressão como força mobilizadora de renovação. Um sintoma de que algo na forma de pensar não está sendo saudável ao bem-estar.

A depressão, nessa ótica, tomada como uma dor crônica, um sentimento doloroso e avassalador, também tem um sentido luminoso e sagrado na vida psíquica. Sua função sagrada é nos trazer para dentro de nós mesmos a fim de enxergarmos nossa realidade pessoal. Aclaremos esta ideia.

Foi o psiquiatra suíço Jung que estabeleceu um conceito, em sua psicologia analítica, que lança uma luz sobre esse tema. Ele falou sobre a *sombra*, uma parte desconhecida do psiquismo humano para onde é destinado todo o material rejeitado pelo ego – a vida mental consciente.

Tudo aquilo que não foi devidamente e harmonicamente resolvido na infância ou em outras reencarnações é "arquivado", depositado nessa região da mente. E como é natural, a vida psíquica tem seus ciclos de amadurecimento, e chega um momento em que aquele material guardado precisa ser reciclado, transformado em vivência mobilizadora do crescimento. Para que esses conteúdos velados possam ser reaproveitados, eles começam a fazer parte da vida consciente em forma de sonhos, tendências, sentimentos e outras manifestações profundas da alma.

Como muito desses conteúdos são opostos à percepção de realidade que temos, inicia-se um conflito interior na tentativa de continuarmos rejeitando-os. Mas a *sombra* poderosa impõe-se ao consciente e continua seu movimento transformador, convidando-nos, de forma irrevogável, às necessárias mudanças.

Resistir ao contato com esse material que emerge da *sombra* causa dor. Dependendo da pessoa, essa resistência ou a forma inadequada de lidar com essas forças da *sombra* pode levar à depressão.

Na depressão, toda a energia é consumida pelo inconsciente, que tenta revelar ao consciente os conteúdos velados que necessitam ser reconhecidos pelo doente. Por isso o depressivo sente muita baixa de energia. Outras vezes, essa perda energética vem do esforço para recusar sua realidade inconsciente.

No fundo, a doença é uma tentativa da vida mental de se autor-regular. Entretanto, o doente não aceita sua realidade pessoal e estabelece o conflito tóxico, desgastante.

Tudo que o depressivo experimenta no seu campo afetivo pede um novo olhar, uma forma criativa de expressão. Dependência, perda, frustração, tristeza, abandono, culpa, enfim, todas as vivências afetivas solicitam um reenquadramento. A depressão pode surgir como um efeito desse ato de recusar um novo olhar sobre si mesmo.

Aceitar sua realidade pessoal é a maior dor do depressivo. Ter de tomar contato com seu EU REAL e abandonar seu EU IDEAL é extremamente entristecedor.

Entretanto, a depressão não é um castigo, não é algo alheio à ecologia da vida mental, faz parte dela. É como um movimento da *sombra* na busca da luz. O objetivo é trazer a criatura para o *QUEM ELE É* e distanciá-lo do *QUEM ELE ACHA QUE É*.

A função sagrada da depressão é regular o ecossistema mental. Acontece quando um comportamento perante a vida já não faz mais nenhum sentido e está sendo pernicioso ao equilíbrio e à saúde. É um convite para abrirmos mão de um estilo de comportamento que contrasta com os recados profundos da alma. É um chamado para revermos a forma de viver e colocá-la em sincronia com a nossa individualidade, com nosso ser único e singular.

Quando alguém está sofrendo com a depressão, deve pensar que está sendo convidado a ser feliz, mas não está sabendo como construir isso sozinho.

Se há depressão, há luz querendo se expressar.

Examinada por essa ótica educativa, a depressão se torna sintoma de algo mais profundo. Um sintoma de que, se estamos na direção contrária aos pedidos libertadores da alma, é hora de alterar o curso da nossa percepção, do nosso comportamento e da forma de entender a vida e a nós mesmos.

Ao invés de travarmos um litígio com a *sombra*, é o momento de conquistá-la, fazermos amizade com ela, entendermos a função amigável da dor da depressão.

É aqui que entra o elemento diferencial do tratamento curativo da depressão, o autoconhecimento objetivando a reforma interior.

Como assinala Jung no pequeno trecho de apoio: "*No entanto, é impossível que alguém se diferencie de algo que não conheça*".

Esse autoconhecimento é o esforço educativo de reconhecer nossa vida interior e saber o que fazer e como fazer para construirmos nossa paz e nosso crescimento pessoal.

Os tratamentos já mencionados são indispensáveis para a criação de um clima íntimo minimamente desejável, para que o depressivo consiga empreender o movimento em direção ao seu processo de autoconhecimento. Em estados agudos de depressão, a confusão mental inerente ao quadro pode ser ainda mais intensificada, caso haja um empenho intenso nesse sentido sem o devido cuidado e preparo.

Autoconhecimento não é uma varinha mágica que manipulamos quando lemos um livro ou temos um *insight*, uma compreensão súbita na terapia. Autoconhecimento não é uma coleção de descobertas espontâneas sobre nós mesmos. Mais do que isso, é um desejo sincero, consciente e persistente de identificar a nós mesmos por meio de nossos pensamentos, sentimentos e ações. É uma resolução, e não um acontecimento alheio à nossa vontade.

O conhecido conceito de *insight* é atribuído a uma noção meio intuitiva da descoberta de algo desconhecido de si mesmo. Algo como uma resposta relâmpago que surge do inconsciente. Ele faz parte do autoconhecimento, mas não deve ser tomado como o processo em si.

Há, portanto, um caminho revelador, profícuo e fundamental de autoconhecimento que é aprendermos a função sagrada dos nossos sentimentos. Para o depressivo, esse aprendizado é o primeiro passo na direção de seu processo curativo.

Quando aprendemos o sentido educativo de cada sentimento dentro de nós, a primeira e mais importante conquista é assumirmo-nos como responsáveis pelo que acontece conosco. Isso é libertador e fundamental em se tratando da depressão, porque habitualmente o depressivo arquiteta "n" explicações para a dor que o acomete, acusando todos e tudo, menos a si mesmo. Perceber nosso papel de curadores de nós mesmos é fundamental no resgate da saúde.

Faremos, a seguir, uma abordagem sobre as três emoções mais presentes na estrutura moral e psíquica da depressão, com o objetivo de dar uma noção básica ao significado sagrado de cada uma delas. Entretanto, o significado de cada emoção é pertinente ao seu portador e só poderá ser descoberto por meio do intenso e persistente trabalho de se conhecer e se educar. Além disso, é necessário dizer que um trabalho de educação emocional só pode ser feito com tempo, orientação e apoio.

Revolta, um termômetro do nível de aceitação

A revolta é o egoísmo contrariado. Uma forma de reagir à frustração, ao desapontamento. Uma expressão clara da não aceitação. Ela é o principal indicador da temperatura da depressão. Sua função sagrada é uma fonte de lições preciosas.

A revolta é um sinal da *sombra*. Um alerta que tem um significado muito útil nos casos de depressão.

O depressivo, relembrando que sempre estamos nos referindo principalmente às depressões mais severas, tem uma enorme dificuldade de aceitação da vida, das pessoas e de si mesmo. Em razão disso, desenvolve constantemente o clima da inconformação com a sua existência, estabelecendo um intenso sentimento de revolta. Os efeitos desse estado emocional são nocivos à saúde psíquica. Esta revolta pode assumir diversas "roupagens", de tal forma que nem sequer podemos perceber que ela está no fundo das emoções ligadas a ela.

Toda vez que você se sentir revoltado, entenda o recado que a depressão está te dando: "preste atenção nesse sentimento de revolta que eu te envio e acolha-o como uma mensagem a respeito de como você precisa aprender a se comportar para aceitar isso que te revoltou".

Diante da revolta, algumas perguntas precisam ser feitas, tais como: o que eu preciso aceitar? Como vou fazer para aceitar o que preciso aceitar? O que eu preciso fazer para aceitar essa situação e agir dentro dela com sabedoria?

Nessa perspectiva, a revolta é uma mensageira da depressão, um indicador de que aquilo que aconteceu contém um aprendizado para o depressivo. Ela é um alerta educativo, um alarme que soa para dar um aviso, e pode se tornar uma mestra quando se decide curar a depressão.

Por outro lado, quando o clima da revolta é permitido sem nenhum controle pode-se dizer que a doença depressiva é como uma brasa ardente, latente, adormecida, e a revolta é como um sopro forte em cima dessa brasa, acendendo o fogo da dor interior. Por isso, podemos compará-la a um termômetro que sinaliza o nível de não aceitação da realidade e que indica a possibilidade da depressão ser acordada, ativada.

Recordemos, portanto, que a revolta é um indicador de cuidado, uma luz vermelha que pisca para nos relembrar: PARE, REFLITA, CORRIJA O CURSO, ACEITE E ENTENDA PARA QUE ESSA DECEPÇÃO CRUZOU SEU CAMINHO.

Significado libertador do sentimento de tristeza

Tristeza é o sentimento que faz a criatura se voltar para dentro de si mesma e pensar sobre o que está acontecendo. Sua função é de adaptação à realidade. Normalmente ela surge quando há perdas. No caso da depressão, isso é muito claro. A perda da paz interior, a perda do amor a si mesmo e da vontade de viver causam uma profunda tristeza na alma.

A depressão parece ter como objetivo principal servir de bisturi para realizar uma incisão no campo mental e desnudar velhas ilusões. E sua forma de operar é determinante, pois ela tira do egoísmo a sua alma: o interesse pessoal.

Sem interesse pessoal ninguém vive. O problema do interesse pessoal surge quando não se tem o sentimento de altruísmo para equilibrá-lo. É exatamente isso que a depressão vem ensinar. A ter um olhar de amor, um olhar de generosidade e compaixão, um olhar realista sobre a vida. Uma compreensão de que perdas não são descaminhos, mas sinais da vida solicitando mudança de curso. Solicitando desapego de uma forma de ver ou se comportar.

O depressivo perde, acima de tudo, o interesse em si mesmo e, por efeito, tudo o mais perde para ele a razão de existir. O que mais o divertia, os seus prazeres diários e habituais não têm mais sentido. Não o motivam. A tristeza ocupa esse espaço emocional com uma dor quase insuportável, para que se enxergue a perda verdadeira, as percepções distorcidas às quais a mente se encontra apegada.

"A maioria de nós não quer se desapegar da ilusão de que a vida pode permanecer do jeito que queremos."[1]

Façamos uma pequena lista de posturas que o depressivo pode ser convidado a perder e que poderão lhe acarretar a dor da tristeza, convidando a uma adaptação:

---

[1] Brehony, Kathleen A. Capítulo 4. *Despertando na Meia-Idade*, Editora Paulus.

- Crenças limitadoras.

- Mágoas com o passado.

- Uma imagem superdimensionada de si mesmo.

- A arrogância dos pontos de vista pessoais.

- O preconceito com seus irmãos de caminho.

- A separação de pessoas amadas.

- O fim de relações de amizade e afeto.

- O status da condição financeira e o fim de uma carreira.

- A ausência de sentido na vida.

- Mudanças de uma maneira geral.

- Que as pessoas e os acontecimentos não serão como ele gostaria que fossem.

A depressão não se instala por conta dos dissabores da vida, e sim pela forma como reagimos a eles. Os dissabores podem nos entristecer, mas não deprimir. Quando deprimem é um alerta da vida interior de que há um comportamento nocivo repetitivo precisando ser reciclado, reprogramado. Essa reprogramação significa construir uma nova forma de reagir aos fatos, um novo olhar sobre os acontecimentos.

Portanto, a função da tristeza nos fatos rotineiros é avisar sobre a necessidade de adaptação. No caso do depressivo já é uma intimação, e não um aviso.

O oposto da tristeza é a alegria. O oposto da felicidade é a insatisfação. Depressão é a doença da insatisfação decorrente da dificuldade de aceitar algo ou alguém como é.

A culpa diante das expectativas

Como há uma exagerada presença das expectativas em relação a si mesmo e aos outros, o depressivo costumeiramente se prostra na culpa.

É uma dupla culpa: por ser quem é e por não dar conta de ser quem gostaria.

Vejamos um exemplo: depois de uma atitude infeliz, alguém desenvolve um quadro de culpa. A persistência desse sentimento pode disparar uma tristeza. Esse é um processo emocional muito natural. Os sentimentos convidam a uma reflexão e à renovação de atitudes por meio da reparação.

No caso do depressivo, ele fica ruminando o acontecimento e prolonga sua tristeza, que faz um *looping*, volta ao ponto de origem e retorna ao nível de culpa.

Nessa mesma linha de ideias, a mágoa, a raiva, a irritação, o desgosto, o desânimo, o medo, a sensação de perda, a frustração e muitos outros sentimentos podem se tornar caminhos para um desgosto consigo mesmo, possibilitando o surgimento da culpa.

Quem vive para atender às próprias expectativas, fantasia muito a vida, cria modelos de viver para si mesmo, nos quais se escraviza e, igualmente, enquadra os outros em seus modelos.

Como é humanamente impossível atender a todas as expectativas, a culpa está muito presente nos quadros de depressão.

Observa-se isso com muita clareza nas estruturas familiares. Filhos que não correspondem ao que seus pais esperam deles passam por uma terrível dor interior. Da mesma forma, pais que são obrigados pela vida a ter de lidar com comportamentos jamais esperados em seus filhos sofrem enormes perdas emocionais quando percebem que suas idealizações morrem diante dos fatos inesperados.

Além desse aspecto, a culpa está muito presente nos quadros de depressão em razão dos erros que ficaram gravados na vida inconsciente, dessa e de outras existências. Diante do egoísmo tóxico, muitos erros cometidos contra a consciência foram arquivados em forma de memórias culposas.

A culpa, porém, como qualquer emoção, tem sua função educativa e libertadora. Assim como a tristeza, traz a criatura para dentro de si mesma, a fim de se entender consigo, com sua dor.

Esse tema das expectativas nos remete a uma lembrança muito agradável que podemos adotar para nossa meditação:

"Eu faço as minhas vontades e você faz as suas. Eu não estou neste mundo para viver de acordo com as suas expectativas, e você não está neste mundo para viver de acordo com as minhas. Eu sou eu e você é você. Se um dia nos encontrarmos, vai ser lindo! Se não, nada há de se fazer." [2]

Frederick Perls

---

2 Perls, Frederick. *Gestalt-Terapia Explicada*, 1969, Editora Summus.

135

"Que eu faça um mendigo sentar-se à minha mesa, que eu perdoe aquele que me ofende e me esforce por amar, inclusive o meu inimigo, em nome de Cristo, tudo isto, naturalmente, não deixa de ser uma grande virtude. O que faço ao menor dos meus irmãos é ao próprio Cristo que faço. Mas o que acontecerá, se descubro, porventura, que o menor, o mais miserável de todos, o mais pobre dos mendigos, o mais insolente dos meus caluniadores, o meu inimigo, reside dentro de mim, sou eu mesmo, e precisa da esmola da minha bondade, e que eu mesmo sou o inimigo que é necessário amar?" [1]

Carl Gustav Jung

---

[1] *The Collected Works of CG Jung*, (CW), Volume XI, pár. 520.

Segundo passo – aprender a tratar-se com bondade

No caminhar das reencarnações, o egoísmo trouxe como resultado para nossa vida psíquica uma terrível sensação de baixa autoestima. É aquela ferida evolutiva da inferioridade que já mencionamos anteriormente. Em razão disso, a sensação de indignidade e inadequação faz parte da vida emocional da maioria das pessoas na Terra.

O desamor a si mesmo é traço muito presente na vida psíquica do ser humano. Na verdade, a ausência do amor a si mesmo é a base de todos os problemas e doenças humanas. A convivência que se tem consigo mesmo determina todo o movimento, bem-sucedido ou não, que será desenvolvido com o outro na vida social.

A estima pessoal é a base de uma vida psicológica saudável. Sem ela podemos experimentar níveis doentios de todas as emoções, que levam à estruturação de um quadro depressivo, tais como: insegurança, abandono, rejeição, vitimização, desvalor, fragilidade, culpa e medo.

Como se sente uma pessoa com baixa autoestima? Vamos listar alguns pontos?

- Não acredita em si mesma, experimentando crises penosas de descrença.
- Sente-se culpada por tudo.
- Acha-se uma vítima do mundo e que tudo está contra ela, muitas vezes chegando ao ponto de alimentar algumas manias de perseguição.
- Está sempre justificando sua conduta para os outros e pede desculpas até sem necessidade.
- Tem baixa motivação para progredir, pois está sem ideal para avançar.
- Acredita excessivamente no que os outros dizem de negativo a seu respeito. Não tem uma noção de valor pessoal consolidada.
- Apresenta submissão ou manipulação nos relacionamentos.
- Sente intensa necessidade de aprovação.
- Tem muita dependência financeira e emocional.
- Desenvolve o perfeccionismo. Não aceita errar.
- Apresenta inveja tóxica em suas relações.

A dificuldade de aceitação da realidade e a inconformação, traços básicos da depressão, são aplicáveis também em relação à estima pessoal. O depressivo não consegue se aceitar. Tem uma percepção muito distorcida e fragmentada de si mesmo, com um alto índice de inadequação, desadaptado de quase tudo e de quase todos. Sua estima pessoal fica muito comprometida por causa do quadro depressivo, o que aumenta muito a sua dor.

O depressivo se sente tão mal em relação a si mesmo que desenvolve uma exagerada expectativa pelo apreço alheio, esforçando-se extremamente para agradar aos outros, a ponto de negar necessidades e sentimentos pessoais. Na mesma proporção que se sacrifica para agradar, ele espera muito do outro em retribuição. Nesse clima, as relações ficam pesadas, quase insuportáveis para os familiares, amigos e colegas.

Essa ausência de valor pessoal e de bom trato a si mesmo, tem como efeito essa negação doentia do seu eu verdadeiro, do QUEM ELE É realmente, e a depressão é exatamente o chamado de alerta para que ele se volte a si mesmo.

Um índice muito alto de depressões ocorre na chamada meia-idade, período dos 35 aos 55 anos de idade, aproximadamente. E por que isso acontece? Porque essa etapa da vida é a da verdade, da autenticidade. Uma crise existencial psicológica deflagra nessa altura da vida com uma intensidade sem precedentes, convocando a pessoa a ser ela mesma, a ser quem ela sabe que é.

Depois de cuidar de filhos, da família e da vida social, muitas pessoas se dão conta que não cuidaram de si mesmas. Adequaram-se às expectativas que a sociedade lhes exigiu, deixando de lado necessidades fundamentais para seu equilíbrio e paz interior.

Tratar-se com bondade é um aprendizado. Ninguém nasce sabendo como proceder para cuidar de si mesmo sem ser egoísta ou na medida justa das próprias necessidades.

A pergunta formulada pelo doutor Jung é muito atual:

> "Mas o que acontecerá, se descubro, porventura, que o menor, o mais miserável de todos, o mais pobre dos mendigos, o mais insolente dos meus caluniadores, o meu inimigo, reside dentro de mim, sou eu mesmo, e precisa da esmola da minha bondade, e que eu mesmo sou o inimigo que é necessário amar?"

A construção da estima pessoal requer alguns cuidados. Não basta querer gostar de si mesmo e pronto!

Na cura da depressão, essa ação de construir a estima pessoal é muito importante. Vejamos alguns exercícios diários que podem ser aplicados. Recordemos que essa construção é lenta, gradativa e processual. Não se trata de exercícios "varinha de condão".

- Valorize suas pequenas vitórias. Evite desejar atingir metas muito altas ou até impossíveis e celebre suas vitórias de alguma forma.

- Use afirmações diárias substituindo as frases "hoje eu tenho de..." e "hoje eu devo..." pelas frases que expressem seu desejo, tais como: "hoje eu quero...", "hoje eu escolho..."

- Toda vez que você se comparar com alguém, pergunte-se: para que eu estou fazendo isso?

- Diga sempre a você quando deparar com alguma imperfeição que te incomoda: "eu tenho realmente essa imperfeição e me amo como sou. Ela não me faz menor que ninguém. Quero conviver bem com essa minha característica fazendo o melhor para aperfeiçoá-la".

- Diante de seus erros ou fracassos, diga a você: "farei melhor da próxima vez. Não existe fracasso, existe resultado".

- Assuma o compromisso diário de fazer o melhor e não de querer agradar a todos. Lembre-se: ninguém conseguiu isso até hoje.

- Aprenda a respeitar seus limites, concedendo tempo para o refazimento necessário.

- Organize tempo para uma boa leitura de autoconhecimento e para uma meditação em torno dela.

- Treine-se para acolher críticas como apontamentos de melhora, e não como ataques pessoais.

- Aprenda a conviver harmoniosamente com suas pendências e busque resolvê-las dentro do possível.

- Intensifique, com todo seu esforço, o trabalho de limpar as mágoas de seu coração.

Esses são apenas alguns exercícios. Existem muitos outros.

O importante, ao deparar com essa relação de exercícios, é perceber que a libertação da depressão é um trabalho muito sério e que exigirá muito empenho na transformação do nosso comportamento.

Se pensarmos apenas nesses dois passos descritos nos últimos capítulos, fica claro o quanto terá de ser construído e aprimorado em nós para aprendermos a função sagrada das emoções e nos tratarmos com bondade.

Acolhermo-nos com bondade significa, antes de tudo, saber o limite entre aquilo que nos pertence e aquilo que é do outro.

O depressivo costuma extrapolar todos os seus limites em razão da compulsão que tem por controlar a vida e querer que tudo aconteça ao seu modo. Isso o leva a esforços e escolhas danosas à sua paz e ao seu bolso. É muito frequente ver os depressivos em crises financeiras por conta disso. Muitos agem carregando o mundo nas costas, querendo tomar as dores de todos para sua responsabilidade, sentindo-se muito culpados até pelo que não fizeram ou pensaram em fazer.

Essa compulsão por controlar as pessoas, os acontecimentos e a vida, de maneira geral, acontece por conta desse volume extremado de expectativas a seu respeito.

Tratarmo-nos com bondade é uma arte e, como toda arte, precisa ser treinada, aprimorada.

Cada um de nós só responderá por aquilo que diz respeito a si mesmo, mas o depressivo não pensa e nem sente assim.

Um dos exercícios mais significativos de educação emocional para o desenvolvimento do autoamor é conhecer e respeitar nosso limite e o das outras pessoas.

A terapia do autoamor é a vivência mais libertadora para a experiência da depressão. É um aprendizado desafiante, porém, definitivo, curador.

Nesse aspecto, a psicoterapia é uma ferramenta indispensável de apoio, orientação e educação, porque leva o depressivo a se perceber com mais clareza, com mais discernimento. Para alguns casos, não será demais frisar que se torna uma necessidade insubstituível no processo de recuperação e melhora.

Para construir uma relação de amor consigo mesmo, vamos examinar três pilares essenciais: reciclar seu sistema de crenças pessoais, a perda da ilusão da perfeição e a terapia da aceitação.

Reciclar seu sistema de crenças pessoais

Recuperar o autoamor é uma iniciativa que começa por meio da reciclagem das crenças.

Louise L. Hay afirmou que: "Crenças são ideias e pensamentos que se tornam verdades para nós."[1]

Essas ideias e pensamentos tomam conta da maioria das operações da vida mental. A escolha, a fala, a ação, o sentimento e outras funções interiores são decisivamente influenciados pelo que acreditamos, criando padrões de ser e de como se comportar.

O dr. Aaron Beck, pai da Terapia Cognitiva, uma corrente que tem excelentes resultados no tratamento da depressão, enumerou a estrutura de crenças da depressão[2] da seguinte forma:

01. Para ser feliz devo ser aceito por todas as pessoas.

02. Para ser feliz devo obter sucesso em tudo o que faço.

03. Se eu errar, isso significa que sou incapaz.

04. Não posso viver sem uma outra pessoa.

05. Se alguém discorda de mim, isso significa que não gosta de mim.

---

1 Hay, Louise L. *Ame-se e Cure sua Vida*, Editora Best Seller.

2 Beck AT. Thinking and depression. Arch Gen Psychiatry. 1963; 9:324-33. Beck AT. Depression: causes and treatment. Philadelphia: University of Pennsylvania Press; 1967.

06. Meu valor como pessoa depende do que os outros pensam de mim.

Mantendo esses padrões de pensamentos, abre-se um vasto campo no humor do depressivo. Toda a estrutura funcional decorrente dessa forma de pensar é muito sutil. A maioria das crenças é inconsciente, mas, uma ótima notícia, é que elas podem ser mudadas.

A primeira iniciativa é tomarmos consciência de que elas existem. Sem esse exercício, a mente vai sempre se submetendo ao programa das crenças sem nada poder fazer para alterá-lo. Evidentemente, o apoio terapêutico será necessário para servir de suporte a essa transformação desafiadora. Não iremos nos aprofundar nesse tema por uma perspectiva técnica, porque foge à proposta deste livro. Ficaremos apenas com os aspectos mais práticos do assunto.

Existem dois sentimentos no ser humano que guardam um elo muito intenso com as crenças: a fé e o medo.

Naquilo que você acredita, sua fé o alimenta e, ao mesmo tempo, o fortifica, influindo em todo o seu modo de ser. Naquilo que você não acredita, mas, inconscientemente, seu sistema de crenças continua sustentando, seja por medo do que pode acontecer ou do que você pode vir a perder, poderá refletir em toda a sua existência.

Quando você faz ou deixa de fazer algo apenas por medo, sendo que já conquistou condições de encarar e transformar a situação em foco, resistindo à mudança, sua vida interior pode elaborar uma reação chamada depressão.

Tem muita gente com depressão, leve ou moderada, em quadros que não têm componentes da depressão grave, que se enquadra perfeitamente nessa abordagem das crenças. A vida mental elabora uma depressão com intuitos renovadores. É a hora de reciclar, de rever conceitos. Então, diante disso, surge uma crise emocional. Aquilo que antes era verdade para a pessoa perde completamente o sentido, ela fica sem prumo, sem chão.

Existem algumas crenças que são muito presentes nesses quadros de depressão. Vejamos:

- Eu posso controlar e modificar o outro.
- Fico muito ressentido com o passado.
- Sou muito ansioso com relação ao futuro.
- Sou muito insatisfeito com a minha vida.
- Sinto-me culpado por...
- Quero ser correto em tudo.
- Preocupo-me com tudo para não descumprir meu dever.
- Tenho de ser forte.
- Tenho de ser agradável com todos.
- Tenho de ser ágil e bem-sucedido.
- Tenho de estar ocupado o tempo todo.
- Tenho de ser perfeito.

Quem pensa assim, com certeza, não dará conta de viver bem ou até mesmo de viver. É muita sobrecarga, é muita crítica e exigência sobre qualquer pessoa. Esses padrões críticos e acusadores são muito trabalhados pela dra. Louise L. Hay em seu livro *Você Pode Curar a Sua Vida*, no qual são apresentados muitos exercícios práticos e úteis para educar esse acusador interno, esse crítico mordaz que nasce e se sustenta com as crenças perfeccionistas.

Assim como a autoestima, a reciclagem do sistema de crenças será um processo de autoeducação persistente e atencioso.

Apenas a título de ilustração, listemos algumas afirmações positivas que deverão fazer parte da vida diária na reciclagem das crenças:

- Adoro a minha vida.
- Sou um ímã atraindo milagres.
- Sou aceito e apreciado.
- Sinto-me bem e cheio de vitalidade.
- Estou pronto para prosperar.
- Estou destinado ao sucesso financeiro.
- Sou guiado pelo invisível.
- Estou seguro no aqui e agora.
- Estou em profunda paz.
- Sou digno das melhores coisas da vida.
- Mereço ser feliz.
- A vida está sempre a meu favor.
- Tenho muita energia para realizar o bem.
- Sou grato pela vida.

Tais afirmações vão fazer muito sentido na vida na medida em que você começar a rever seu sistema de crenças. Não se trata de afirmações soltas que, repetidas todos os dias, por si mesmas, vão reverter sua forma de crer. São exercícios que toda pessoa em transformação sente necessidade espontânea de realizar, são manifestações da alma em mutação.

A perda da ilusão da perfeição

Uma das crenças mais enraizadas na mente humana é a de que temos de ser perfeitos. É a ilusão da perfeição.

A estrutura mental dessa crença está embasada em:

- Você não pode errar.
- Você não devia ter feito isso.
- Você não pode se sentir dessa forma.
- Você tem de esquecer o que aconteceu.
- Você é culpado pelo fato de as coisas estarem desse modo.
- Você é uma pessoa imperfeita, portanto não tem valor.
- Você já está bastante esclarecido para agir desse jeito.
- Você não está bem, você tinha de estar bem.
- Você tem de se cobrar mais para não fazer a mesma coisa.
- Você tem de se sentir culpado por ser assim.
- Você tem de ser bom o suficiente para dar conta de tudo.

Uma das formas operacionais dessa crença é tirar o foco do presente na vida mental, levando-o para o passado ou para o futuro.

Presa ao passado, a criatura se atola na mágoa em relação ao que fez ou deixou de fazer. E quando se volta para o futuro paralisa-se com a ansiedade em atingir seus desejos ou conquistar coisas.

Quando alguém se amarra assim ao que passou, tende ao remorso e fica ruminando fatos, lembranças e sentimentos. Essa areia movediça da mágoa pode levar à depressão por conta dessa culpa e do medo do que pode acontecer ainda em razão do que já passou.

A crença da perfeição estabelece um mecanismo de cobrança e recriminação muito cruel, e somente quando se aplica a terapia da aceitação é possível reciclá-la para algo melhor dentro de você.

A terapia da aceitação

"A calma e a resignação hauridas da maneira de considerar a vida terrestre e da confiança no futuro dão ao espírito uma serenidade que é o melhor preservativo contra a loucura e o suicídio. Com efeito, é certo que a maioria dos casos de loucura se deve à comoção produzida pelas vicissitudes que o homem não tem a coragem de suportar."[3]

Como já vimos, o egoísmo é a causa das doenças psíquicas, incluindo a depressão.

Quanto mais a mente se fixou no ego nas várias reencarnações, mais campo se formou para o adoecimento. Presa em si mesma, colheu como efeito as feridas evolutivas: inferioridade, abandono, fragilidade.

A ferida da inferioridade criou a baixa autoestima.

A sensação de abandono estimulou o medo.

A fragilidade enfraqueceu a fé.

---

3   O Evangelho Segundo o Espiritismo, capítulo V, item 14, Editora FEB.

E como se sente hoje uma pessoa sem se amar, com muito medo e sem fé?

A resposta mais provável a essa pergunta é: essa pessoa não consegue aceitar a si mesmo. Repudia-se por inteiro ou por alguma parte de si e, quem não se aceita, cria campo para a revolta, e quem se revolta abre brecha para a depressão.

Você já deve ter percebido que até mesmo esse hábito de não aceitar vem do egoísmo. Sim, vem desse comportamento milenar de resistir aos sentimentos que causam frustração e contrariam os interesses pessoais. Percebeu como o egoísmo aprisiona? Como o apego aos seus condicionamentos escraviza a sua mente?

Assim fica fácil entender que a depressão, antes de ser doença psíquica, é doença moral. A doença da egolatria.

Vejamos algumas manifestações dessa inaceitação:

- O conflito com o corpo físico – rejeição à sua autopercepção.

- A culpa pelo sofrimento que pertence a outrem – adoção de crenças pessimistas.

- O esforço desumano de agradar a todos em suas expectativas – a vaidade em manter as aparências.

- A inimizade consigo mesmo em razão do que sente e não gostaria de sentir – uma noção de valor pessoal deturpada.

- O desgaste de querer carregar o mundo das dores alheias nas suas costas – ausência de noção de limites.

- O pavor experimentado diante dos seus próprios erros – a presença do perfeccionismo no seu modo de ser.

A inaceitação é uma conduta que deprime porque te afasta do resgate de seu lado melhor, de suas qualidades, de suas potências.

Esse segundo passo da educação emocional para o tratamento da depressão depende muito de aceitação. Tratar-se com bondade é o mesmo que fazer contato com o divino dentro de você, mas para isso é necessário uma relação pacífica com seu sombrio, com aquelas partes de você que não são aceitas.

Imagine que a arte do autodescobrimento é como fazer uma caminhada por uma floresta em noite escura em busca de um tesouro. Você não sabe nada sobre aquela floresta e é colocado lá com o objetivo de garimpar diamantes.

O que vai acontecer? Uma sensação de estar perdido, sem senso de direção.

Você terá de aceitar essa condição, porque se sair em disparada, com desespero e sem um propósito, certamente vai tropeçar e piorar ainda mais a possibilidade de alcançar sua meta.

É assim o caminho do autoconhecimento. Você penetra em sua sombra, aquela parte menos conhecida de si mesmo, com uma única certeza: a de que lá existe um tesouro para ser descoberto e resgatado. Existem diamantes preciosos naquela floresta escura e o garimpo desse tesouro vai exigir paciência, persistência, ajuda e a luz espiritual da coragem para superar os desafios dessa aventura humana que é a percepção de si mesmo com realismo.

Você terá de aceitar que para achar diamantes terá de deparar com a colheita de tudo aquilo que foi plantado na floresta mental do seu inconsciente. A aceitação é a postura da concórdia que aumenta sua capacidade de visão para descobrir seus valores.

Aceitação, porém, não significa uma atitude de passividade diante daquilo que te faz sofrer. Aceitação é quando você para de brigar com o que não aceita em si mesmo. É não resistir, porque resistir é rebeldia e é a revolta que assopra a brasa da depressão.

Quando você não aceita alguma característica ou comportamento seu ou de outrem, estabelece dentro de seu coração uma força de resistência, uma indisposição em acolher aquela realidade, e isso traz um clima emocional e psíquico tóxico. Você não precisa concordar com essa realidade, precisa saber apenas como não permitir a toxicidade de seus sentimentos. É a toxicidade da insatisfação que cria a revolta e todo o piso psíquico e emocional depressivo.

Aceitar não quer dizer que você tenha de concordar com coisas que existem em você, mas aprender a amá-las. Esse é o primeiro movimento de libertação e cura de qualquer dor dentro de você. A inaceitação é resistência, e resistir é não encontrar saída para aquilo que se quer mudar.

Aceitar significa criar uma relação de amizade com o seu sabotador interno, aquele crítico e juiz impiedoso que não para de te condenar e julgar o tempo todo.

Aceitar-se é amar a si mesmo. Sem autoamor não é possível nenhuma mudança interior para melhor.

Vamos reler a frase acima?

É verdade! Sem amor a vida não floresce. Sem amor nada tem sentido. A depressão não é um castigo de Deus, é uma construção humana. Tudo o que se planta gera uma colheita, e toda colheita pode ser depurada, aprimorada, selecionada, até se atingir o fruto desejado. E como no universo nada é definitivo, tudo vai passar.

Aliás, tem uma historinha fantástica com Chico Xavier que é mais ou menos assim:

"O médium mineiro contou que, num de seus dias de profunda amargura, solicitou ao seu benfeitor espiritual, Emmanuel, que levasse um pedido de socorro seu à Maria de Nazaré. Rogava para que ela o consolasse, já que seus problemas eram graves.

Após alguns dias, o benfeitor retornou dizendo-se portador de um recado da mãe de Jesus.

Chico imediatamente pegou papel e lápis e colocou-se na posição de anotar.

— Pode falar, tomarei nota de cada palavra.

Emmanuel, benfeitor atencioso, lhe falou:

— Anote aí, Chico. Maria me pediu para que trouxesse o seguinte recado: Isso também passará. Ponto final.

Chico tomou nota rapidamente e perguntou ao benfeitor:
— Só isso?

E ele respondeu:
— É, Chico. A Mãe Santíssima pediu para lhe dizer que isso também passará."

Sim! Tudo passa! A depressão também passa e tem cura. Relembre isso: você é seu próprio curador! Não desista

da caminhada! Quem chegou até aqui, onde você chegou, mesmo com tantos desacertos e sofrimentos, precisa saber: VOCÊ É UM VITORIOSO!

É! Isso mesmo! Quantas pessoas suportariam a dor que você suportou até aqui?

Você é um vitorioso e, por estar persistindo, vai encontrar seus diamantes interiores aplicando a terapia da aceitação. Onde existe a autoaceitação, existe melhora.

Se você não se aceita, a crença que predomina é: "não sou bom o suficiente". Com essa crença, como existir melhora?

Embutidas nessa crença, outras vêm a galope, tais como: "eu não vou dar conta", "eu não consigo", "eu não tenho capacidade", "eu não deveria me sentir assim". Todas são crenças derrotistas, limitadoras, que desenvolvem culpa, mágoa, cansaço, vergonha, desvalor e desânimo de vencer.

Somente o bálsamo curador do amor e da autoaceitação pode nos levar a celebrar a vida, o progresso e o desejo de ser alguém melhor a cada dia.

O que você aceita pode ser transformado. O que você resiste em aceitar cria barreiras em seu caminho.

O principal motivo da sua falta de aceitação está relacionado a seu sistema de crenças pessoais. Pensamentos e ideias sobre você que se tornaram verdades e que te martirizam. Isso desconecta você da sua realidade, daquilo que você realmente é. A depressão, em muitos casos, tem esse sentido de te mostrar que você está se recusando a assumir seu lado divino, sua luz, sua vocação.

Depressão não é apenas um emergir de efeitos do egoísmo vindos do inconsciente. Junto com a sombra negra da floresta existe a luz indicadora de onde se encontram os diamantes. Uma luz que precisa ser descoberta em você mesmo. Junto com os efeitos do egoísmo, nas crises depressivas, há também um convite da vida para o contato com sua vocação, com suas qualidades, com seus talentos divinos.

A cura da depressão implica na adaptação da realidade, na aceitação das ocorrências desconfortáveis que causaram tristeza e pesar na alma. A postura da aceitação é mesmo um princípio divino de educação moral, psíquica, emocional e espiritual, é uma significativa parte do caminho para a solução da depressão. A outra parte é aprender como construir uma vida pautada no amor, como a transformar o sentimento de egoísmo em autoamor. Aceitando-se você diminui consideravelmente ou elimina o sofrimento causado pela dor da depressão, e amando-se você estará colocando sua via nos trilhos do aperfeiçoamento natural e gradativo, vivendo com a paz e a saúde possíveis, de conformidade com seu merecimento pessoal.

A terapia da aceitação propõe apenas um modo diferente de reagir àquilo que não atende suas expectativas. Uma reação sábia e educadora.

Aceitação é a porta de entrada para o renascimento, é a resignação ativa e rica de sabedoria que encaixa perfeitamente realidade e consciência na vida do ser humano.

Tudo depende mesmo da sua percepção afetiva sobre a vida e o que te cerca: "A calma e a resignação hauridas da maneira de considerar a vida terrestre e da confiança no futuro dão ao espírito uma serenidade que é o melhor preservativo contra a loucura e o suicídio".

Mensagem para meditação

Fecharemos esse tópico com uma belíssima mensagem do espírito Albino Teixeira para meditação.

"O que mais sofremos"

O que mais sofremos no mundo:

Não é a dificuldade. É o desânimo em superá-la.

Não é a provação. É o desespero diante do sofrimento.

Não é a doença. É o pavor de recebê-la.

Não é o parente infeliz. É a mágoa de tê-lo na equipe familiar.

Não é o fracasso. É a teimosia de não reconhecer os próprios erros.

Não é a ingratidão. É a incapacidade de amar sem egoísmo.

Não é a própria pequenez. É a revolta contra a superioridade dos outros.

Não é a injúria. É o orgulho ferido.

Não é a tentação. É a volúpia de experimentar-lhe os alvitres.

Não é a velhice do corpo. É a paixão pelas aparências.

Como é fácil de perceber, na solução de qualquer problema, o pior problema é a carga de aflição que criamos, desenvolvemos e sustentamos contra nós."[4]

---

4 Passos da vida, capítulo 9, mensagem de autoria espiritual de Albino Teixeira e psicografia de Chico Xavier, Editora IDE.

"Aceitação é a porta de entrada para o renascimento, é a resignação ativa e rica de sabedoria que encaixa perfeitamente realidade e consciência na vida do ser humano."

13

"Onde hoje há uma carência, ontem houve um excesso..." [1]

Adamastor

---

[1] Freire, Adamastor, Gilson T. Depressão: tempo de colheita no campo do espírito. *Ícaro Redimido*, Editora Inede.

Caso ilustrativo de rebeldia em aceitar a realidade

Usaremos este caso para fazer uma síntese dos aspectos até agora mencionados. O intuito é apresentar, de modo prático, um estudo do caso e, ao mesmo tempo, criar uma melhor fixação de ideias.

Ariane, mulher de seus 48 anos, chegou ao consultório terapêutico com uma queixa severa contra Deus. Sua mãe havia desencarnado fazia dez anos e ela, irredutivelmente, não aceitava a morte da mãe e ainda brigava com Deus, por a ter levado para o mundo dos espíritos.

Sua história configura um quadro típico de rebeldia, onde não aceita a realidade, levando-a, assim, a um quadro grave de depressão. Sua revolta, no dizer dela, era porque ela também havia morrido junto com a mãe. Não via mais sentido em viver.

Quando Ariane chegou para se tratar, estava pensando em se matar. Tomava quatro medicações psiquiátricas diariamente e sempre recusou a terapia, porque não achava que precisava de ajuda.

Ela se aposentou e destinou toda a sua vida afetiva a cuidar da mãe, doente terminal com câncer, durante cinco anos de intenso trabalho e muita dedicação. Agora se sentia solitária e em um vazio muito grande. Dois anos após o desencarne de sua mãe, desenvolveu a dependência do cigarro. Seis anos depois ela também apresentou um câncer no seio esquerdo, sendo necessário extirpá-lo.

Ariane se apresentava em um quadro clássico de apego a conceitos e crenças rígidas. Sem o emprego da sua energia afetiva e sexual, ela se consumia em uma postura mental de carência egoística, tentando ajustar as pessoas e os acontecimentos às suas necessidades e ao seu parecer.

Antes mesmo do desencarne da genitora, ela já apresentava traços difíceis em sua personalidade. Seus colegas de trabalho não a suportavam e, por ocasião da doença da mãe, lhe facilitaram uma aposentadoria. Teve de se mudar diversas vezes por queixas de vizinhos, devido aos conflitos intempestivos seguidos de gritaria agressiva com sua mãe e sua irmã no ambiente doméstico.

Nunca foi de namorar, mas tinha pesadelos atormentadores com sexo quase todas as noites, que lhe causavam profundas dores na alma.

Na montagem de seu histórico, na primeira sessão, a terapeuta fez uma primeira pergunta: "Que espécie de dor a morte da sua mãe causa em você?"

Ela disse: "Abandono, medo de não ser amada por mais ninguém e falta de força para viver".

E então outra pergunta foi feita: "Qual é sua maior dor?"

Ela respondeu: "A tristeza por a vida não ser como eu gostaria que fosse".

Ariane estava lúcida a respeito de seu quadro, porém, para que a terapeuta se certificasse da extensão dessa lucidez, ela indagou: "Você sabe o que fazer para sair da sua condição?"

Ariane, ao invés de responder, indagou: "E qual é a minha condição?"

A terapeuta retrucou: "Qual você acha que é?"

Por fim, ela respondeu: "A de uma pessoa que não aceita a realidade".

Novamente a terapeuta reforçou: "Então você sabe o que fazer diante de sua condição de não aceitar a realidade?"

Ela respondeu: "Não, eu não sei o que fazer".

Somente então a terapeuta começou o tratamento dela, dizendo: "Nesse caso, eu posso te ajudar. Você quer?"

O tratamento foi iniciado dentro de vários combinados. Todos focados na proposta de educação emocional e mudança de posturas. Com poucos meses, ela já não falava mais na mãe e começou a mostrar aquilo que se esconde por detrás da grande maioria dos quadros depressivos, sejam eles leves, moderados ou graves, isto é, a enorme porcentagem de egoísmo e interesse pessoal.

Posteriormente, Ariane percebeu que, em verdade, ela não aceitava nem a reencarnação. Desde muito cedo ela se recusava a viver. Já era um Espírito em estágio avançado de depressão, uma depressão endógena com todos os sintomas clássicos.

Foi uma criança rebelde, mas, ao mesmo tempo, tinha uma ânsia enorme de agradar a todos e negou necessidades essenciais da sua existência para "adquirir" o apreço alheio. Fazia todas as vontades da mãe e depois passou a proceder da mesma forma com qualquer pessoa. Conseguiu estudar a duras penas e formou-se em Direito, conseguindo ótima colocação em emprego público. Uma pessoa de poucas e pobres experiências com a vida afetiva. Teve um namorado com o qual padeceu enormes decepções por pura falta de limites, tendo, durante o namoro, o sustentado financeiramente. Depois foi profundamente magoada por ele e sofreu muito no rompimento.

Ariane sempre trouxe uma compulsiva necessidade de controlar e tomar conta da vida, sua e dos outros, adquirindo hábitos extremamente calculados, planejados e com afeto artificial.

Uma mulher boa, inteligente, com muitas habilidades, mas que se encontrava completamente sem vida, sem ideais e sem rumo. Priorizou tudo, menos seu equilíbrio, sua paz. Cuidou de todos, menos de si mesma. Um exame apressado e todos diriam que era uma mulher altruísta e bondosa. Entretanto, com todo carinho à sua dor, ela, em verdade, era manipuladora e sua suposta bondade nada mais era que culpa, medo de perder o afeto ou ser rejeitada.

Uma vida emocional confusa, doente e sobrecarregada. Uma falta de tudo. FALTA, essa a palavra que poderia definir com exatidão Ariane. Falta de si mesma, falta de amor-próprio, falta de vida, falta de desejo.

Como diz Adamastor: "Onde hoje há uma carência, ontem houve um excesso..."

Ontem o egoísmo descontrolado. Hoje, como efeito dessa polarização mental no ego, surge uma retração mental, um fechamento de forças para dentro de si mesma, contrariando a Lei da Vida, que é expansão, amor e abertura para o progresso e a cooperação universal. Quem abusou, hoje padece os resultados em si mesmo em forma de carência. Quem produz experimenta a resposta da vida em forma de suprimento, alegria, saúde e fé.

Caso haja resistência em se adequar aos sublimes códigos do amor e do bem, o depressivo ainda experimenta uma dolorosa sensação de não viver, de não existir. Um estado de confusão nos sentimentos, uma indefinição tão acentuada do sentir que ele se sente incapaz de dar nome ao que sente. Nesse estágio é que muitos são tomados por ideias fixas de autoextermínio.

Esse não viver é um movimento de retração mental grave, que cria um processo autodestrutivo, um desejo intenso de deixar de ser... No fundo, expressa uma falta básica, a falta de contato com Deus, o *self* interior, o eu divino que está adormecido em cada um de nós.

Em proporções diferentes, nas depressões leves ou moderadas, ocorre esse mesmo mecanismo psíquico e moral de inaceitação, criando dores diversas.

Mesmo nos casos em que a pessoa não chegue a ponto de ter de tomar medicação, fazer psicoterapia e tratamento espiritual, certamente a experiência do sofrimento moral já pode ser considerada um quadro depressivo, talvez um quadro atípico dentro das classificações oficiais.

"Ariane sempre trouxe uma compulsiva necessidade de controlar e tomar conta da vida, sua e dos outros, adquirindo hábitos extremamente calculados, planejados e com afeto artificial."

"(...) sem aceitação da nossa realidade presente poderemos instaurar um regime de cobranças injustas e intermináveis conosco e, posteriormente, com os outros. A mudança para melhor não implica destruir o que fomos, mas dar nova direção e maior aproveitamento a tudo o que conquistamos, inclusive nossos erros." [1]

Ermance Dufaux

---

[1] DUFAUX, Ermance. Pelo médium: Wanderley Oliveira. Ética da transformação. *Reforma íntima sem martírio.* Editora Dufaux.

Exercício: o que você tem dificuldade para aceitar?

Vamos fazer agora um exercício de aceitação. Pegue uma folha e escreva: O que eu tenho dificuldade para aceitar?

Em seguida, após enumerar suas dificuldades de aceitação, faça uma reflexão para cada tópico sempre seguindo a ordem em que as perguntas são formuladas. Não passe para a pergunta seguinte sem responder à anterior:

– Por que eu tenho dificuldade de aceitar isso?
– O que aconteceria de pior se eu aceitasse isso?
– O que aconteceria de melhor se eu aceitasse isso?
– O que mudaria se eu aceitasse isso?

Deixaremos uma lista de algumas coisas que, geralmente, são difíceis de aceitar.

- Que os filhos jamais serão o que se espera que eles sejam.
- Que não amo a pessoa que escolhi para casar.
- Que estou arrependido de ter casado ou que o casamento acabou.

- Que a miséria do outro tem um significado para seu progresso.
- Que nunca conseguirei mudar alguém.
- Que meus pais não vão mudar.
- Que as pessoas que mais amo me decepcionarão.
- Que tenho desejos sexuais não condizentes com o que penso sobre o assunto.
- Que desejaria ter outra vida.
- Que meu filho que tirou carteira vai ter de dirigir o meu carro.
- Que tenho uma doença que vai me matar.
- Que tenho depressão.
- Que a minha família pode se desfazer.
- Que os problemas das pessoas que amo são delas, e não meus.
- Que não devo nada a meus pais.
- Que não devo nada a ninguém.
- Que ninguém pode me maltratar sem que eu permita.
- Que algumas pessoas não vão gostar de mim.

"Vamos fazer agora um exercício de aceitação. Pegue uma folha e escreva: O que eu tenho dificuldade para aceitar?"

"Nenhuma circunstância exterior substitui a experiência interna. E é só à luz dos acontecimentos internos que entendo a mim mesmo. São eles que constituem a singularidade de minha vida". [1]

Carl Gustav Jung

---

[1] *Entrevistas e Encontros*, Carl Gustav Jung.Editora Cultrix.

Terceiro passo – desarmar os gatilhos depressivos

A primeira recomendação para desarmar o gatilho foi organizar sua vida financeira, que estava uma bagunça. Metade dos problemas foi resolvida assim. Outra medida foi mudar o lugar da mesa onde colocar as contas. O clima psíquico de Selena melhorou.

Ela estava prestes a entrar em um quadro severo de depressão depois de anos repetindo esse estilo de viver. Depois da melhora psíquica, ela chegou à conclusão que tinha de melhorar seu emprego, e daí para a frente não parou mais de crescer.

Num caso como esse, que poderia se tratar de uma depressão com características reativas, leves e moderadas, esse foi um caminho de solução mais tranquilo, conquanto o nível de sofrimento dela já estivesse a ponto de interferir no sono, na sexualidade, na vida de relação e em vários setores de sua vida.

Para cada caso, dependendo da gravidade, esse desarmamento dos gatilhos depressivos vai tomar uma feição diferenciada e mais desafiadora. Para alguns, desarmar o gatilho significa volição, decidir-se por certa orientação ou certo tipo de conduta, assumir sua vontade com garra. Para outros, será a eliminação de um vício ou a mudança de um local ou de um hábito. Um bom exemplo disso é a introdução de exercícios físicos na rotina diária, coisa a que os depressivos, quase em sua maioria, têm enorme aversão. Assumir volição aqui significa comandar o corpo, jogar endorfina, dar movimento.

Na grande maioria dos casos, para que a vida mental chegue a ponto de elaborar uma depressão, algo não vai bem na ecologia psíquica e necessita ser ajustado. Há a atuação de uma programação mental que funciona como um sistema de software, tomando conta, gerenciando parte significativa da mente sem que se perceba.

Desarmar os gatilhos é interceder nesse processamento, saber como funciona a estrutura que determina sentimentos, atitudes, estados e condições depressivas.

Outro caso bem ilustrativo e bem comum é o de Marlene, 48 anos, que já tinha depressão endógena, grave, havia vinte anos. Tratava-se com medicações, psicoterapia e tratamento espiritual. Entretanto, faltava a renovação de sua forma de viver e de se comportar. Ao ser analisada sua estrutura de vida, foi detectado como gatilho principal, entre outros, a relação que tinha com sua mãe. Ela ainda morava com os pais, embora tivesse um bom emprego e condições financeiras para se mudar. A primeira providência foi tomada. Depois de muito conflito com os pais, ela se mudou. Em dois meses morando sozinha, distante dos atritos diários decorrentes de uma nociva dependência emocional, seu psiquiatra suspendeu metade das medicações, e alguns meses depois ela estava livre de remédios, apenas investindo em psicoterapia e no fortalecimento de sua autonomia.

Nesses casos que abordamos, os gatilhos não são causa da depressão, porém, são componentes disparadores e coadjuvantes do quadro, e quando o depressivo já está buscando seu tratamento nas quatro dimensões: orgânica, psíquica, espiritual e social, será muito valoroso descobrir esses estimuladores, elementos sutis emanados pela vida subconsciente.

Relacionemos mais alguns gatilhos que são bem comuns em casos diversos, independentemente da gravidade da depressão e de suas causas reais:

- Acontecimentos sociais trágicos.
- Pequenas perdas materiais por descuido no orçamento.
- Dependência emocional de amigos e parentes.
- Excesso de trabalho.
- Trânsito urbano.
- Descuido com o corpo físico.
- Aceitar maus-tratos em ambiente profissional.
- Vizinhança invasiva e desordeira.

Como diz Jung: "Nenhuma circunstância exterior substitui a experiência interna. E é só à luz dos acontecimentos internos que entendo a mim mesmo".

As coisas que acontecem por fora apenas acionam condições íntimas. Por menores que sejam esses contextos ou acontecimentos, a repetição dos mesmos vai potencializar seus efeitos na vida interior, causando desgaste e doença.

Muitas pessoas, depois de cumprirem todas as etapas de um tratamento de depressão, mantêm alguns gatilhos ainda acionados, correndo enorme risco de uma nova crise em razão de um pequeno detalhe, destes que podem fazer muita diferença.

"Inteiramente despreparados, embarcamos na segunda metade da vida... damos o primeiro passo na tarde da vida; pior ainda, damos esse passo com a falsa suposição de que nossas verdades e ideais vão servir-nos como antes. Mas não podemos viver a tarde da vida de acordo com o programa de sua manhã – pois o que foi grande pela manhã vai ser pouco à tarde, e aquilo que pela manhã era verdade, à tarde se tornará mentira." [1]

Carl Gustav Jung

---

[1] *The Stages of Life*, Carl Gustav Jung, (CW) 8, par. 339.

Importância espiritual da meia-idade

O Relatório de Saúde da Organização Mundial de Saúde, que pode ser consultado no site World Health Organization, em *http://www.who.int*, aborda o aspecto social crescente da depressão no mundo inteiro, e fala em um milhão de suicídios em decorrência da presença de doença mental, entre elas a depressão.

Diversos sites na internet noticiaram, há alguns anos, um estudo sobre os picos de depressão. Vejamos algumas informações que corroboram o assunto.

"Um estudo envolvendo dois milhões de pessoas em 80 países, incluindo Portugal, constatou um padrão mundial extraordinariamente consistente nos níveis de depressão e felicidade que torna a meia-idade o período mais problemático da vida."

"O trabalho realizado por investigadores da Universidade de Warwick e do Dartmouth College, nos Estados Unidos, com o título "Terá o bem-estar a forma de U no ciclo da vida?", será em breve publicado na revista Social Science & Medicine, a publicação de ciências sociais mais citada em todo o mundo."

"Os cientistas constataram que os níveis de felicidade têm a forma curva de um U, com o ponto mais alto no início e final da vida e o mais baixo na meia-idade. Muitos estudos anteriores do decurso da vida sugeriam que o bem-estar psicológico se mantinha relativamente estável e consistente com o avançar da idade."

São muitas as estatísticas que falam sobre a alta incidência de depressão dos 35 aos 45 anos de idade.

Isso coincide exatamente com a chamada crise existencial da meia-idade. Poucas pessoas estão informadas sobre esse período turbulento da vida e o que ele significa.

A crise existencial da meia-idade é um movimento natural da vida mental no qual as feridas, traumas e assuntos pendentes no inconsciente emergem ao consciente para serem resolvidos.

Coincidentemente e na maioria dos casos, essa crise ocorre em uma determinada faixa etária, entre os 35 e 55 anos, sendo possível também verificar-lhe a presença antes ou depois dessa idade.

Nessa etapa da vida psíquica, ocorre um fenômeno que encontra semelhança no fenômeno biológico da ovulação feminina. A mente expulsa, no tempo certo, o "óvulo" maduro, aqui representado por um fato, um acontecimento ou uma lembrança que necessita ser trabalhado, reconhecido pelo consciente, no intuito de organizar a vida mental.

É assim que vários assuntos que foram mal conduzidos durante a infância e a juventude regressam em forma de crise inesperada, nos levando às mais diversas e imprevisíveis alterações no mundo emocional e comportamental.

É questionada a vida profissional, a relação afetiva, os laços de parentesco, os objetivos pessoais e a forma de viver. E diante de todos os questionamentos, nós, talvez, pela primeira vez na vida, façamos honestamente uma pergunta a nós mesmos: "E eu, o que quero da vida?"

O certo e o errado começam a ser questionados. O que antes preenchia e dava motivação parece totalmente desconexo, fora de lugar. É um período de muita depressão, porque os conflitos que foram temporariamente negados regressam e se intensificam abruptamente. Nessa fase, muitas pessoas alcançam certa estabilidade financeira, os filhos já são independentes e muitas mudanças contribuem para nos deixar mais em contato conosco mesmos, depois de muitos anos na luta pela sobrevivência e pelos deveres. Outros que não tiveram a mesma trajetória chegam a essa idade com frustrações dolorosas, em todas as áreas de sua vida, e por essa outra porta também penetra a crise existencial com outros gêneros de angústia.

Para muitos, a meia-idade é o momento de "pendurar as chuteiras", de acomodar-se. O homem, em muitos casos, já fez as conquistas que almejou; a mulher deu-se quase integralmente aos filhos e eles vão viver as suas vidas; ambos já chegaram ao patamar intelectual que planejavam, e aí, então, são convocados a pensar com mais assiduidade no que vão fazer. Nessa hora, encontram novamente suas necessidades mais profundas. Já não há distrações nem compromissos tão fortes e significativos que os impeçam de pensar em seus desejos, sonhos, dúvidas e conflitos. Ainda que não queiram, são automaticamente conduzidos a esse dinamismo.

E no centro dessa crise acontece uma dolorosa descoberta: a perda de quem achamos que somos, o contato com a realidade profunda e gritante da alma. Essa perda é o núcleo dessa crise. O gatilho emocional subliminar para que deflagre a crise. O inconsciente nos devolve a nós próprios. É um instante muito delicado da existência. A maioria das separações conjugais, dos suicídios, dos abandonos, dos crimes passionais e o surgimento de doenças acontecem nesse momento da vida. É a fase dos encerramentos de muitos ciclos e início de outros. É um intenso e sofrível momento de perdas.

Enquanto a meia-idade é vista por muitos como o fim, em razão dessas drásticas mudanças, torna-se necessário dizer que a vida, inegavelmente, somente começa quando temos a coragem de encerrar com dignidade os ciclos que se fazem necessários. Tudo depende de como vamos encarar esse momento. Muita gente foge e enxerga perdas irreparáveis nas mudanças acontecidas, outros percebem que são chamados ao inadiável e mais importante movimento do ato de viver: o reencontro consigo mesmo e a busca do seu querer maduro e preenchedor.

Apesar de tantos ganhos, é um ciclo de vida que pode conter muita tristeza, medo, culpa, mágoa e desilusões, podendo causar dores e transtornos mentais e físicos que precisam de acompanhamento, orientação e socorro.

Entretanto se faz necessário descobrirmos a importância da meia-idade e nos suprir com orientações realistas para atravessarmos a tarde da vida de um modo criativo, singular, inspirador e gratificante. Três pontos fundamentais compõem o projeto de educação emocional nesse assunto: paciência na espera, dignidade nas escolhas e coragem para tomar as decisões que serão pontes para um futuro melhor e mais feliz. O objetivo a alcançar é fazer da meia-idade o mais importante momento da nossa reencarnação.

É muito importante aprendermos a linguagem da alma. Saber o que o inconsciente quer nos dizer e como nos comportarmos diante de seus apelos. Mais que isso, é essencial tomar contato com o *self*, o divino dentro de nós, e entendermos que todo esse conjunto de mudanças é para o nosso próprio bem. Muito além das dores experimentadas nesse ciclo, somos convidados a resgatar os talentos e as vocações que se encontravam adormecidos em nós. Muito além de sombras a serem iluminadas, toda essa crise tem como proposta a busca da libertação consciencial e da paz interior.

Como diz Jung: "(...) não podemos viver a tarde da vida de acordo com o programa de sua manhã – pois o que foi grande pela manhã vai ser pouco à tarde, e aquilo que pela manhã era verdade, à tarde se tornará mentira."

Dois livros podem ser enriquecedores e importantes no nosso autodescobrimento na meia-idade. Sugerimos que leiam e estudem *Despertando na Meia-idade*, de Kathleen A.Brehony, Editora Paulus, e *Prazer de Viver*, de Ermance Dufaux, Editora Dufaux.

180

"Enquanto a meia-idade é vista por muitos como o fim, em razão dessas drásticas mudanças, torna-se necessário dizer que a vida, inegavelmente, somente começa quando temos a coragem de encerrar com dignidade os ciclos que se fazem necessários."

17

"Imprescindível atestar que nossa trajetória eivada de quedas e erros não retirou de nenhum de nós a excelsa condição de Filhos de Deus. A Celeste Bondade do Mais Alto, mesmo ciente de nossas mazelas, conferiu-nos a benção da reencarnação com enobrecedores propósitos de aquisição da luz. É a Lei do amor, mola propulsora do progresso e das conquistas evolutivas." [1]

Ermance Dufaux

---

[1] DUFAUX, Ermance. Pelo médium: Wanderley Oliveira. Introdução - A rota dos filhos pródigos. *Escutando Sentimentos*. Editora Dufaux.

O que uma depressão pode fazer Com você e Por você

Cada histórico de depressão é algo individual. Cada caso é particular. Alguns efeitos, porém, são bem comuns à maioria dos quadros dessa doença. Vamos listá-los para nosso autoconhecimento.

Apenas um alerta se faz necessário: caso tenhamos alguns desses efeitos não devemos nos julgar depressivos por esse fato. Cada um desses sintomas sozinho, ou mesmo em grupo, não configura necessariamente um estado doentio. Só mesmo uma avaliação pormenorizada e atenta, realizada por um profissional habilitado, pode diagnosticar qual o conjunto de sintomas pode ser declarado como doença.

O propósito nessa reflexão é chamar a atenção para o fato de que, independentemente da classificação convencional dos códigos da saúde humana, sob uma ótica do Espírito eterno, a depressão é uma doença da alma com a qual sofremos uma dor severa por não sabermos como fazer contato com nossa essência divina. Esses efeitos listados são sinais de que precisamos resgatar a paz e a saúde interior.

Essa distância da essência luminosa responde pelas infelicidades do caminho. Não sabermos entrar em comunhão com nosso *self,* nossa parte mental nobre e pura, significa adoecer, significa dor. Essa ausência de sentido para viver é a perspectiva espiritual da depressão.

Construir sentidos para viver é o núcleo de motivação de qualquer ser humano saudável. Sem isso, os sintomas clássicos da depressão vão minando, pouco a pouco, o idealismo, o desejo e a alegria.

Vamos a algumas ocorrências básicas dos possíveis efeitos de um quadro depressivo:

- Deixar morrer nossos sonhos.
- Tornarmo-nos muito rígidos, inflexíveis.
- Buscarmos compulsiva necessidade de controle.
- Alimentarmos expectativas muito elevadas em relação a nós mesmos e aos outros.
- Apresentarmos baixíssima tolerância às frustrações.
- Desrespeitarmos todos os nossos limites.
- Sustentarmos teimosia em nossos pontos de crença.
- Permanecermos em constante desassossego íntimo.
- Desenvolvermos uma ansiedade não se sabe pelo que ou por conta de quê.
- Ficarmos com o sono alterado ou insônia persistente.
- Sentirmos bloqueio da libido.
- Termos humor alterado na maior parte do dia.
- Sentirmos persistente desvitalização de energias.

- Vivermos com indisposição contínua para realizar algo em nosso favor. Procrastinação (adiar coisas).
- Sentirmos uma terrível sensação de abandono.
- Vivermos com a presença marcante de remorso.
- Desenvolvermos intensa sensação de desvalor pessoal, de inutilidade.
- Adquirirmos sentimento de fracasso sem causas reais.
- Vivermos com angústia dilacerante.
- Sentirmos que a vida está travada em todos os sentidos.
- Apresentarmos, com frequência, estados de confusão mental.
- Vivermos constantemente com ansiedade descontrolada.
- Acharmos que não vamos dar conta das obrigações.
- Sentirmos uma vontade muito grande de não ter de viver.
- Termos medo crônico de ficar pobre, de enlouquecer ou ser traído.
- Sentirmos irritabilidade contínua.
- Sentirmos tristeza sem saber a razão.
- Termos facilidade de nos magoar.
- Termos enorme dificuldade em dizer "NÃO".
- Apresentarmos sofrimento desproporcional por problemas que são dos outros.
- Querermos carregar as dores alheias ou sentirmo-nos culpados por elas.

Esses são apenas alguns efeitos da depressão sob a ótica do Espírito imortal. Existem muitos outros.

Apenas relembramos, mais uma vez, que cada um deles pode ter outras causas e que sozinhos não configuram um quadro patológico.

Tudo o que está descrito no texto acima é o que a depressão pode fazer COM você.

Agora vamos analisar o que a depressão pode fazer POR você.

A depressão surge do conflito de forças interiores que trabalham para sermos o que autenticamente somos. Ela, portanto, pode ser uma impulsionadora do autoencontro, do resgate de nosso lado luminoso.

Sem ela, muitos de nós aqui na Terra permaneceria nos braços das ilusões.

A falta de expressão do poder pessoal gera dor, e a dor é o instrumento de educação na correção do curso de nosso destino.

Depressão é um clamor pela individuação, um clamor por ser quem nós somos.

Se ela acontece, estejamos certos que a vida está nos chamando para tomar a postura que nos fará maior bem e nos conduzirá ao tratamento de nossas mazelas.

Vejamos alguns diamantes que podemos extrair das dores da depressão na medida em que a entendemos como uma oportunidade de crescimento e reeducação da conduta.

- Libertarmo-nos da aflição em relação ao futuro.
- Desenvolvermos uma relação pacífica com os nossos erros, sem conformismo.
- Perceber que estamos contrariando nossos desejos

mais legítimos.

- Desprendermo-nos da necessidade compulsiva de controle.
- Acreditarmos mais em nossos valores.
- Tomarmos consciência de que estamos negando necessidades essenciais para nosso equilíbrio.
- Conhecermos nossas ilusões e nos desconectarmos das idealizações sobre como a vida deveria ser.
- Aprendermos a ser alguém mais realista, fervoroso e prático diante das frustrações e desapontamentos.
- Descobrirmos o manancial de sentimentos bons que possuímos e não valorizamos.
- Adquirirmos maior domínio sobre nossas forças interiores.
- Sairmos do papel de vítima dos acontecimentos.
- Conquistarmos o amor a nós mesmos.
- Entendermos a nossa responsabilidade sobre o que sentimos e sobre a nossa conduta, sem transferi-la a outrem.
- Levarmo-nos ao encontro da nossa singularidade.
- Desenvolvermos uma maior capacidade de aceitação.
- Criarmos defesas emocionais seguras contra a mágoa e a inveja.
- Reconhecermos os efeitos nocivos da arrogância nas relações.
- Compreendermos que as pessoas que mais amamos não são nossas.
- Perdoarmos a nós mesmos pelo passado.
- Desligarmo-nos de pessoas que supúnhamos ser amigos e construirmos relações mais compensadoras na amizade e no afeto.

"Há um número demasiadamente grande de pessoas que são equivocadamente levadas a se agarrar a essas ideias "mágicas" e a aplicá-las externamente, como um unguento. Elas farão qualquer coisa, por mais absurdas que sejam, a fim de evitar encarar as próprias almas."[1]

Carl Gustav Jung

---

1 *Psychology and Alchemy*, Carl Gustav Jung, (CW)12, par. 126.

Depressão, mediunidade e obsessão

Mediunidade é uma bela oportunidade de crescimento e aprendizado. Vê-la como uma prova imposta em razão de dívidas do passado é cultivar uma visão doentia de algo que, em verdade, é uma bênção, um tesouro.

É comum ouvirmos a expressão: "estou com problemas mediúnicos." Não é a mediunidade que é o problema, mas o médium. Consideremos, porém, que não existem problemas mediúnicos, e sim que temos problemas psicológicos, morais e emocionais que são refletidos no exercício da mediunidade. A mediunidade é uma força neutra, e sua aplicação toma o colorido moral inerente ao médium. Um exemplo típico dessa circunstância são as depressões. Muitas pessoas são orientadas a desenvolver mediunidade como solução de sua depressão. Entretanto, são muitos os médiuns portadores de depressão que assumem fervorosamente a tarefa mediúnica nessa expectativa e não obtêm o resultado que desejavam. E os que conseguem algum resultado, poderiam estar em encerramento de seu processo depressivo ou eram portadores de depressões leves ou moderadas, que regridem com relativa facilidade a tratamentos e iniciativas espirituais.

Em caso de depressão crônica, mais severa, a orientação do exercício mediúnico pode, inclusive, constituir um risco. Dependendo do estágio e do momento do doente, a atividade mediúnica pode ser fator de agravamento do quadro psíquico.

Elaboramos abaixo uma pequena entrevista com as perguntas mais frequentes sobre o tema. O intuito é apenas ter algum material para uma boa conversa sobre o assunto, nada mais.

A mediunidade causa a depressão?

A mediunidade é uma bênção, um tesouro em forma de trabalho e de crescimento espiritual. A faculdade, em si mesma, não é causa de perturbação. Quando alguém usa a expressão "problemas mediúnicos" é necessário distinguir que os problemas são da personalidade mediúnica, isto é, do médium.

Consideremos a mediunidade como recurso de evolução e a depressão como uma doença cuja causa repousa nas velhas atitudes morais do médium. Mediunidade não causa depressão, entretanto, é frequente encontrarmos médiuns portadores de sintomas depressivos. Nesse caso, a aplicação da mediunidade ou, como é mais conhecido, o desenvolvimento mediúnico, pode ser terapêutico, amenizando as dores do depressivo. Apenas amenizando-as. Ainda assim, a cura da depressão não virá do exercício mediúnico, e sim da reeducação emocional do depressivo por meio da mudança de condutas que alicerçam o núcleo moral da depressão.

Os depressivos são portadores de obsessão?

Algumas pesquisas feitas em grupos mediúnicos e hospitais psiquiátricos espíritas mencionam a presença de obsessão em 70% dos casos de depressão.

Aqui também se faz necessária uma observação. Não é a obsessão que causa a depressão. A depressão é doença mental que pode ocorrer sem fatores espirituais coercitivos, embora na maioria dos casos, por se tratar de enfermidade decorrente de atitudes infelizes na caminhada evolutiva, carreiam para o depressivo uma série de influências de ordem energética e espiritual como fatores de agravamento, e não causais.

Qual a relação entre perturbação espiritual e depressão?

Alguns tipos de depressão mais leves ou moderadas podem ser acionados por presença espiritual perturbadora.

Mesmo neste caso, depois de socorridas as influências espirituais, o depressivo precisa examinar quais foram as causas dentro de si mesmo para que aquelas influências acontecessem.

Nem a obsessão, nem a perturbação espiritual podem causar a depressão sem que o depressivo tenha em si mesmo algum componente psíquico, emocional ou comportamental não resolvido, que constitua a raiz da sua doença.

Perturbação espiritual e obsessão são fatores agravantes, e não causais. São sintomas de que algo não vai bem dentro da pessoa.

Os depressivos obsediados devem obrigatoriamente educar a mediunidade?

O exercício da mediunidade é terapêutico para vários quadros mentais, e até para algumas doenças orgânicas, trazendo alívio e amenização de dores.

Cada caso, porém, deve ser analisado criteriosamente, uma vez que a indicação da atividade mediúnica não pode ser tratada de forma generalizada. O exercício da mediunidade age apenas como um processo de depuração energética para que o doente não piore, além de promover a oportunidade de o médium entrar em contato com sentimentos diversos que favoreçam sua análise pessoal.

Para as pessoas deprimidas, romper com a interferência espiritual do obsessor poderá, na maioria dos casos, apenas abrandar e/ou mascarar os sintomas da doença, já que a solução da depressão sempre será a libertação da consciência, o desenvolvimento dos potenciais íntimos que a criatura traz em si mesma.

A depressão é uma doença sintomática, ou seja, é uma dor que está querendo chamar a atenção do doente para algo que ele não quer ver ou para algo que ele não está cuidando adequadamente na sua vida interior. Dessa forma, é importante e recomendável que o depressivo compreenda que será necessário buscar várias fontes de ajuda, uma vez que se trata de uma doença complexa. A pessoa com sintomas depressivos sempre deve ser orientada a procurar o devido suporte médico e psicoterapêutico.

Como saber quando um depressivo não deve frequentar a reunião mediúnica?

Não existem regras no assunto. Podemos desenvolver uma linha de raciocínio, que não deve constituir um roteiro, mas apenas um caminho a ser aprimorado.

Existem alguns ciclos pertinentes às depressões crônicas nos quais os doentes experimentam vários sintomas que já lhe são habituais, mas com características mais acentuadas, por exemplo: sentem-se mais exauridos, mais tristes, totalmente indispostos com o contato social, com larga confusão mental, presença de episódios de insônia persistente, extremamente irritadiços e com profunda apatia afetiva. Nesses casos é sugerido um afastamento do exercício da mediunidade, de forma planejada e temporária.

Naturalmente, em grupos que se respeitam e existe uma convivência saudável, ficará evidente quando um médium com depressão apresentar alterações que comprometam sua atuação mediúnica. Nesse caso, esse afastamento programado de algumas semanas, com acompanhamento fraterno do grupo, torna-se desejável em favor do doente e da tarefa.

O que a Casa Espírita deve fazer pelo depressivo?

Orientá-lo sobre a conduta a seguir para recuperar sua saúde. Oferecer o apoio da fluidoterapia espírita na amenização das dores, encaminhá-lo para profissionais da saúde mental que sejam competentes e humanos e, sobretudo, acolhê-lo com muito afeto, dando oportunidades de integrar-se às atividades da Casa Espírita.

Entretanto, acima de tudo, o depressivo necessita de reeducação comportamental e emocional.

Precisamos verificar que conduta está por trás das depressões mais severas e procurar reeducar essa conduta-padrão, que é a raiz da depressão.

É um esforço conjunto em busca de orientação para o depressivo, sua família e também para o Centro Espírita sobre como lidar com o assunto e melhor orientar o doente.

Os médiuns têm tendência à depressão?

Os médiuns têm tendência a carregar alguma alteração no seu campo mental, mas não necessariamente a depressão. Todavia, como todo ser humano, os médiuns têm algumas relações a serem resolvidas e reeducadas com os vários temas da vida, dentre eles a depressão e as perturbações da sexualidade são os que podem aparecer com mais frequência.

Esse fato tem explicações muito sensatas que valem a pena ser analisadas.

Qual a orientação adequada a um médium com depressão?

Primeiramente, ele deve aceitar que está doente e que necessita de tratamento em várias dimensões. Em seguida, orientá-lo sobre o exercício da mediunidade no bem e dos pré-requisitos para esta tarefa. Durante seu tratamento, acolhê-lo e acompanhá-lo com muito carinho para que encontre apoio nas iniciativas de melhora. Posteriormente, integrá-lo no trabalho espiritual.

Claro que não podemos adotar soluções idênticas e nessa ordem para todos os casos. Portanto, o bom senso deve inspirar essa orientação ao depressivo, cientes de que cada caso será de natureza particular.

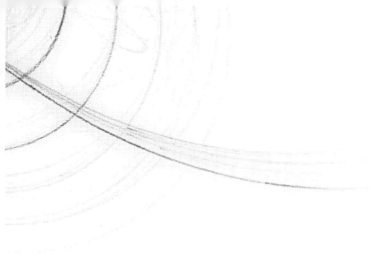

19

"Mas tu, quando orares, entra no teu aposento e, fechando a tua porta, ora a teu Pai que está em secreto; e teu Pai, que vê em secreto, te recompensará publicamente." [1]

Mateus

---

[1] Mateus 6:6

Prece da Gratidão pela Vida

Senhor, eu te busco na oração, para Te agradecer.

Para uma pessoa como eu, que tem tanta dificuldade para viver, eu me considero um vitorioso por chegar até aqui. Porém, reconheço Tua ajuda celeste em cada passo do meu caminho, e por isso quero te louvar.

Tantos percalços vencidos e tanta dor experimentada nas garras da depressão e, apesar disso, aqui estou eu... Continuo a viver, continuo querendo aprender a viver. Por todo esse caminho, obrigado Senhor!

Sabe, Deus, às vezes eu acredito que sou merecedor de uma salva de palmas! Quanta gente desconhece o que é sofrer na alma a lâmina impiedosa da revolta e da inconformação. Aquela dor contínua, martirizante. Mesmo assim, eu prossegui com Tua generosa compaixão me amparando. Ah! Muito obrigado, Senhor!

Olha, Pai, eu começo a sentir vontade de viver. Como isso é bom! Começo a sentir que a minha alma esboça os primeiros sorrisos de vida. Isso me alivia um tanto, Senhor!

Eu estou entendendo a importância de curvar essa minha tempera arrogante ao poderoso influxo da energia da vida. Estou aceitando, Senhor, a vida como ela é. Difícil! Muito difícil! Mas já não tenho nem mais forças para lutar contra esse movimento natural e sagrado que corresponde à Tua sábia e luminosa vontade.

Por incrível que pareça, eu quero te agradecer por não ter mais essa energia da arrogância destruidora, para resistir à direção que a existência me apresenta como sendo a melhor para mim. Obrigado, Senhor, por me tornar fraco no meu orgulho!

Obrigado, Senhor, porque entendo agora que a minha insatisfação com a vida é puro capricho do meu egoísmo.

Eu Te agradeço por me dar condições para chegar até aqui e perceber que a tentativa infrutífera de querer controlar a vida só me trouxe cansaço e exaustão.

E é diante dessa minha exaustão na alma que eu quero te fazer um pedido, um só pedido: não me abandones nunca até que eu consiga me resgatar e ser alguém que, de fato, passe a sentir que merece o Seu amor. Até que eu consiga isso, me empreste Teu amor misericordioso para que eu tenha forças para caminhar.

Por tudo, Senhor, minha gratidão,

Assim seja!

"Sabe, Deus, às vezes eu acredito que sou merecedor de uma salva de palmas! Quanta gente desconhece o que é sofrer na alma a lâmina impiedosa da revolta e da inconformação. Aquela dor contínua, martirizante. Mesmo assim, eu prossegui com Tua generosa compaixão me amparando.

Ah! Muito obrigado, Senhor!"

Ficha técnica

Título
Depressão e autoconhecimento: como extrair lições preciosas dessa dor

Autoria
Wanderley Oliveira

Edição
1ª / 1ª reimpressão

ISBN
978-85-63365-24-8

Capa
Wanderley Oliveira

Projeto gráfico e diagramação
Tuane Silva

Revisão da diagramação
Nilma Helena

Ilustração Miolo
Viviane Fonseca e Wanderley Oliveira

Revisão
Mary Ferrarini

Coordenação e preparação de originais
Maria José da Costa

Composição
Adobe Indesign CC
(plataforma Windows 10)

Páginas
214

Tamanho do miolo
Miolo 16 x 23 cm
Capa 16 x 23 cm com orelhas de 9 cm

Tipografia
Texto principal: Constantia 12pt
Título: Balmoral D 30pt
Notas de rodapé: Constantia 6pt

Margens
22 mm: 25 mm: 25 mm: 20 mm
(superior:inferior:interna;externa)

Papel
Miolo em Avena 80g/m²
Capa em Pólen 250g/m²

Cores
Miolo: 1x1 cores CMYK
Capa em 4 x 0 cores CMYK

Impressão
AtualDV

Acabamento
Brochura, cadernos colados
Capa com orelhas laminação BOPP fosca

Tiragem
Sob demanda-

Produção
Fevereiro / 2022

Editora Dufaux
Nossas Publicações

www.editoradufaux.com.br

SÉRIE AUTOCONHECIMENTO

DEPRESSÃO E AUTOCONHECIMENTO - COMO EXTRAIR PRECIOSAS LIÇÕES DESSA DOR

A proposta de tratamento complementar da depressão aqui abordada tem como foco a educação para lidar com nossa dor, que muito antes de ser mental, é moral.

Wanderley Oliveira
16 x 23 cm
235 páginas

ebook

FALA, PRETO VELHO

Um roteiro de autoproteção energética através do autoamor. Os textos aqui desenvolvidos permitem construir nossa proteção interior por meio de condutas amorosas e posturas mentais positivas, para criação de um ambiente energético protetor ao redor de nossas vidas.

Wanderley Oliveira | Pai João de Angola
16 x 23 cm
291 páginas

QUAL A MEDIDA DO SEU AMOR?

Propõe revermos nossa forma de amar, pois estamos mais próximos de uma visão particularista do que de uma vivência autêntica desse sentimento. Superar limites, cultivar relações saudáveis e vencer barreiras emocionais são alguns dos exercícios na construção desse novo olhar.

Wanderley Oliveira | Ermance Dufaux
16 x 23 cm
208 páginas

APAIXONE-SE POR VOCÊ

Você já ouviu alguém dizer para outra pessoa: "minha vida é você"?
Enquanto o eixo de sua sustentação psicológica for outra pessoa, a sua vida estará sempre ameaçada, pois o medo da perda vai rondar seus passos a cada minuto.

Wanderley Oliveira
16 x 23 cm
152 páginas

A VERDADE ALÉM DAS APARÊNCIAS - O UNIVERSO INTERIOR

Liberte-se da ansiedade e da angústia, direcionando o seu espírito para o único tempo que realmente importa: o presente. Nele você pode construir um novo olhar, amplo e consciente, que levará você a enxergar a verdade além das aparências.

Samuel Gomes
16 x 23 cm
272 páginas

DESCOMPLIQUE, SEJA LEVE

Um livro de mensagens para apoiar sua caminhada na aquisição de uma vida mais suave e rica de alegrias na convivência.

Wanderley Oliveira
16 x 23 cm
238 páginas

7 CAMINHOS PARA O AUTOAMOR

O tema central dessa obra é o autoamor que, na concepção dos educadores espirituais, tem na autoestima o campo elementar para seu desenvolvimento. O autoamor é algo inato, herança divina, enquanto a autoestima é o serviço laborioso e paciente de resgatar essa força interior, ao longo do caminho de volta à casa do Pai.

Wanderley Oliveira | Pai João de Angola
16 x 23 cm
272 páginas

A REDENÇÃO DE UM EXILADO

A obra traz informações sobre a formação da civilização, nos primórdios da Terra, que contou com a ajuda do exílio de milhões de espíritos mandados para cá para conquistar sua recuperação moral e auxiliar no desenvolvimento das raças e da civilização. É uma narrativa do Apóstolo Lucas, que foi um desses enviados, e que venceu suas dificuldades íntimas para seguir no trabalho orientado pelo Cristo.

Samuel Gomes | Lucas
16 x 23 cm
368 páginas

AMOROSIDADE - A CURA DA FERIDA DO ABANDONO

Uma das mais conhecidas prisões emocionais na atualidade é a dor do abandono, a sensação de desamparo. Essa lesão na alma responde por larga soma de aflições em todos os continentes do mundo. Não há quem não esteja carente de ser protegido e acolhido, amado e incentivado nas lutas de cada dia.

Wanderley Oliveira | Ermance Dufaux
16 x 23 cm
300 páginas

MEDIUNIDADE - A CURA DA FERIDA DA FRAGILIDADE

Ermance Dufaux vem tratando sobre as feridas evolutivas da humanidade. A ferida da fragilidade é um dos traços mais marcantes dos aprendizes da escola terrena. Uma acentuada desconexão com o patrimônio da fé e do autoamor, os verdadeiros poderes da alma.

Wanderley Oliveira | Ermance Dufaux
16 x 23 cm
235 páginas

CONECTE-SE A VOCÊ - O ENCONTRO DE UMA NOVA MENTALIDADE QUE TRANSFORMARÁ A SUA VIDA

Este livro vai te estimular na busca de quem você é verdadeiramente. Com leitura de fácil assimilação, ele é uma viagem a um país desconhecido que, pouco a pouco, revela características e peculiaridades que o ajudarão a encontrar novos caminhos. Para esta viagem, você deve estar conectado a sua essência. A partir daí, tudo que você fizer o levará ao encontro do propósito que Deus estabeleceu para sua vida espiritual.

Rodrigo Ferretti
16 x 23 cm
256 páginas

APOCALIPSE SEGUNDO A ESPIRITUALIDADE - O DESPERTAR DE UMA NOVA CONSCIÊNCIA

Num curso realizado em uma colônia do plano espiritual, o livro Apocalipse, de João Evangelista, é estudado de forma dinâmica e de fácil entendimento, desvendando a simbologia das figuras místicas sob o enfoque do autoconhecimento.

Samuel Gomes
16 x 23 cm
313 páginas

VIDAS PASSADAS E HOMOSSEXUALIDADE - CAMINHOS QUE LEVAM À HARMONIA

"Vidas Passadas e Homossexualidade" é, antes de tudo, um livro sobre o autoconhecimento. E, mais que uma obra que trada do uso prático da Terapia de Regressão às Vidas Passadas . Em um conjunto de casos, ricamente descritos, o leitor poderá compreender a relação de sua atual encarnação com aquelas que ele viveu em vidas passadas. O obra mostra que absolutamente tudo está interligado. Se o leitor não encontra respostas sobre as suas buscas psicológicas nesta vida, ele as encontrará conhecendo suas vidas passadas.
Samuel Gomes

Dra. Solange Cigagna
16 x 23 cm
364 páginas

SÉRIE CONSCIÊNCIA DESPERTA

SAIA DO CONTROLE - UM DIÁLOGO TERAPEUTICO E LIBERTADOR ENTRE A MENTE E A CONSCIÊNCIA

Agimos de forma instintiva por não saber observar os pensamentos e emoções que direcionam nossas ações de forma condicionada. Por meio de uma observação atenta e consciente, identificando o domínio da mente em nossas vidas, passamos a viver conscientes das forças internas que nos regem.

Rossano Sobrinho
16 x 23 cm
268 páginas

SÉRIE CULTO NO LAR

VIBRAÇÕES DE PAZ EM FAMÍLIA

Quando a família se reune para orar, ou mesmo um de seus componetes, o ambiente do lar melhora muito. As preces são emissões poderosas de energia que promovem a iluminação interior. A oração em família traz paz e fortalece, protege e ampara a cada um que se prepara para a jornada terrena rumo à superação de todos os desafios.

Wanderley Oliveira | Ermance Dufaux
16 x 23 cm
212 páginas

JESUS - A INSPIRAÇÃO DAS RELAÇÕES LUMINOSAS

Após o sucesso de "Emoções que curam", o espírito Ermance Dufaux retorna com um novo livro baseado nos ensinamentos do Cristo, destacando que o autoamor é a garantia mais sólida para a construção de relacionamentos luminosos.

Wanderley Oliveira | Ermance Dufaux
16 x 23 cm
304 páginas

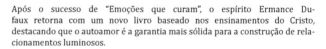

REGENERAÇÃO - EM HARMONIA COM O PAI

Nos dias em que a Terra passa por transformações fundamentais, ampliando suas condições na direção de se tornar um mundo regenerado, é necessário desenvolvermos uma harmonia inabalável para aproveitar as lições que esses dias nos proporcionam por meio das nossas decisões e das nossas escolhas, [...].

Samuel Gomes | Diversos Espíritos
16 x 23 cm
223 páginas

PRECES ESPÍRITAS

Porque e como orar?
O modo como oramos influi no resultado de nossas preces?
Existe um jeito certo de fazer a oração?
Allan Kardec nos afirma que *"não há fórmula absoluta para a prece"*, mas o próprio Evangelho nos orienta que *"quando oramos, devemos entrar no nosso aposento interno do coração e, fechando a porta, busquemos Deus que habita em nós; e Ele, que vê nossa mais secreta realidade espiritual, nos amparará em todas as necessidades. Ao orarmos, evitemos as repetições de orações realizadas da boca para fora, como muitos que pensam que por muito falarem serão ouvidos. Oremos a Deus em espírito e verdade porque nosso Pai sabe o que nos é necessário, antes mesmo de pedirmos ".* (Mateus 6:5 a 8)

Allan Kardec
16 x 23 cm
145 páginas

O EVANGELHO SEGUNDO O ESPIRITISMO

O Evangelho de Jesus Cristo foi levado ao mundo por meio de seus discípulos, logo após o desencarne do Mestre na cruz. Mas o Evangelho de Cristo foi, muitas vezes, alterado e deturpado através de inúmeras edições e traduções do chamado Novo Testamento. Agora, a Doutrina Espírita, por meio de um trabalho sob a óptica dos espíritos e de Allan Kardec, vem jogar luz sobre a verdadeira face de Cristo e seus ensinamentos de perdão, caridade e amor.

Allan Kardec
16 x 23 cm
431 páginas

 SÉRIE **DESAFIOS DA CONVIVÊNCIA**

QUEM SABE PODE MUITO. QUEM AMA PODE MAIS

A lição central desta obra é mostrar que o conhecimento nem sempre é suficiente para garantir a presença do amor nas relações. "Estar informado é a primeira etapa. Ser transformado é a etapa da maioridade." - Eurípedes Barsanulfo.

Wanderley Oliveira | José Mário
16 x 23 cm
312 páginas

QUEM PERDOA LIBERTA - ROMPER OS FIOS DA MÁGOA ATRAVÉS DA MISERICÓRDIA

Continuação do livro "QUEM SABE PODE MUITO. QUEM AMA PODE MAIS" dando sequência à trilogia "Desafios da Convivência".

Wanderley Oliveira | José Mário
16 x 23 cm
320 páginas

SERVIDORES DA LUZ NA TRANSIÇÃO PLANETÁRIA

Nesta obra recebemos o convite para nos integrar nas fileiras dos Servidores da Luz, atuando de forma consciente diante dos desafios da transição planetária. Brilhante fechamento da trilogia.

Wanderley Oliveira | José Mário
14x21 cm
298 páginas

SÉRIE ESPÍRITOS DO BEM

GUARDIÕES DO CARMA - A MISSÃO DOS EXUS NA TERRA

Pai João de Angola quebra com o preconceito criado em torno dos exus e mostra que a missão deles na Terra vai além do que conhecemos. Na verdade, eles atuam como guardiões do carma, nos ajudando nos principais aspectos de nossas vidas.

Wanderley Oliveira | Pai João de Angola
16 x 23 cm
288 páginas

GUARDIÃS DO AMOR - A MISSÃO DAS POMBAGIRAS NA TERRA

"São um exemplo de amor incondicional e de grandeza da alma. São mães dos deserdados e angustiados. São educadoras e desenvolvedoras do sagrado feminino, e nesse aspecto são capazes de ampliar, nos homens e nas mulheres, muitas conquistas que abrem portas para um mundo mais humanizado, [...]".

Wanderley Oliveira | Pai João de Angola
16 x 23 cm
232 páginas

GUARDIÕES DA VERDADE - NADA FICARÁ OCULTO

Neste momento de batalhas decisivas rumo aos tempos da regeneração, esta obra é um alerta que destaca a importância da autenticidade nas relações humanas e da conduta ética como bases para uma forma transparente de viver. A partir de agora, nada ficará oculto, pois a Verdade é o único caminho que aguarda a humanidade para diluir o mal e se estabelecer na realidade que rege o universo.

Wanderley Oliveira | Pai João de Angola
16 x 23 cm
236 páginas

SÉRIE ESTUDOS DOUTRINÁRIOS

ATITUDE DE AMOR

Opúsculo contendo a palestra "Atitude de Amor" de Bezerra de Menezes, o debate com Eurípedes Barsanulfo sobre o período da maioridade do Espiritismo e as orientações sobre o "movimento atitude de amor". Por uma efetiva renovação pela educação moral.

Wanderley Oliveira | Ermance Dufaux e Cícero Pereira
14 x 21 cm
94 páginas

SEARA BENDITA

Um convite à reflexão sobre a urgência de novas posturas e conceitos. As mudanças a adotar em favor da construção de um movimento social capaz de cooperar com eficácia na espiritualização da humanidade.

Wanderley Oliveira e Maria José Costa | Diversos Espíritos
14 x 21 cm
284 páginas

Gratuito em nosso site, somente em:

NOTÍCIAS DE CHICO

"Nesta obra, Chico Xavier afirma com seu otimismo natural que a Terra caminha para uma regeneração de acordo com os projetos de Jesus, a caracterizar-se pela tolerância humana recíproca e que precisamos fazer a nossa parte no concerto projetado pelo Orientador Maior, principalmente porque ainda não assumimos responsabilidades mais expressivas na sustentação das propostas elevadas que dizem respeito ao futuro do nosso planeta."

Samuel Gomes | Chico Xavier
16 x 23 cm
181 páginas

SÉRIE FAMÍLIA E ESPIRITUALIDADE

UM JOVEM OBSESSOR - A FORÇA DO AMOR NA REDENÇÃO ESPIRITUAL

Um jovem conta sua história, compartilhando seus problemas após a morte, falando sobre relacionamentos, sexo, drogas e, sobretudo, da força do amor na redenção espiritual.

Adriana Machado | Jefferson
16 x 23 cm
392 páginas

UM JOVEM MÉDIUM - CORAGEM E SUPERAÇÃO PELA FORÇA DA FÉ

A mediunidade é um canal de acesso às questões de vidas passadas que ainda precisam ser resolvidas. O livro conta a história do jovem Alexandre que, com sua mediunidade, se torna o intermediário entre as histórias de vidas passadas daqueles que o rodeiam tanto no plano físico quanto no plano espiritual. Surpresos com o dom mediúnico do menino, os pais, de formação Católica, se veem às voltas com as questões espirituais que o filho querido traz para o seio da família.

Adriana Machado | Ezequiel
16 x 23 cm
365 páginas

RECONSTRUA SUA FAMÍLIA - CONSIDERAÇÕES PARA O PÓS-PANDEMIA

Vivemos dias de definição, onde nada mais será como antes. Necessário redefinir e ampliar o conceito de família. Isso pode evitar muitos conflitos nas interações pessoais. O autoconhecimento seguido de reforma íntima será o único caminho para transformação do ser humano, das famílias, das sociedades e da humanidade.

Dr. Américo Canhoto
16 x 23 cm
237 páginas

SÉRIE HARMONIA INTERIOR

LAÇOS DE AFETO - CAMINHOS DO AMOR NA CONVIVÊNCIA

Uma abordagem sobre a importância do afeto em nossos relacionamentos para o crescimento espiritual. São textos baseados no dia a dia de nossas experiências. Um estímulo ao aprendizado mais proveitoso e harmonioso na convivência humana.

Wanderley Oliveira | Ermance Dufaux
16 x 23 cm
312 páginas

 [ESPANHOL]

MEREÇA SER FELIZ - SUPERANDO AS ILUSÕES DO ORGULHO

Um estudo psicológico sobre o orgulho e sua influência em nossa caminhada espiritual. Ermance Dufaux considera essa doença moral como um dos mais fortes obstáculos à nossa felicidade, porque nos leva à ilusão.

Wanderley Oliveira | Ermance Dufaux
16 x 23 cm
296 páginas

 [ESPANHOL]

REFORMA ÍNTIMA SEM MARTÍRIO - AUTOTRANSFORMAÇÃO COM LEVEZA E ESPERANÇA

As ações em favor do aperfeiçoamento espiritual dependem de uma relação pacífica com nossas imperfeições. Como gerenciar a vida íntima sem adicionar o sofrimento e sem entrar em conflito consigo mesmo?

Wanderley Oliveira | Ermance Dufaux
16 x 23 cm
288 páginas

 ESPANHOL INGLÊS

PRAZER DE VIVER - CONQUISTA DE QUEM CULTIVA A FÉ E A ESPERANÇA

Neste livro, Ermance Dufaux, com seus ensinos, nos auxilia a pensar caminhos para alcançar nossas metas existenciais, a fim de que as nossas reencarnações sejam melhor vividas e aproveitadas.

Wanderley Oliveira | Ermance Dufaux
16 x 23 cm
248 páginas

ESCUTANDO SENTIMENTOS - A ATITUDE DE AMAR-NOS COMO MERECEMOS

Ermance afirma que temos dado passos importantes no amor ao próximo, mas nem sempre sabemos como cuidar de nós, tratando-nos com culpas, medos e outros sentimentos que não colaboram para nossa felicidade.

Wanderley Oliveira | Ermance Dufaux
16 x 23 cm
256 páginas

 ESPANHOL

DIFERENÇAS NÃO SÃO DEFEITOS - A RIQUEZA DA DIVERSIDADE NAS RELAÇÕES HUMANAS

Ninguém será exatamente como gostaríamos que fosse. Quando aprendemos a conviver bem com os diferentes e suas diferenças, a vida fica bem mais leve. Aprenda esse grande SEGREDO e conquiste sua liberdade pessoal.

Wanderley Oliveira | Ermance Dufaux
16 x 23 cm
248 páginas

EMOÇÕES QUE CURAM - CULPA, RAIVA E MEDO COMO FORÇAS DE LIBERTAÇÃO

Um convite para aceitarmos as emoções como forma terapêutica de viver, sintonizando o pensamento com a realidade e com o desenvolvimento da autoaceitação.

Wanderley Oliveira | Ermance Dufaux
16 x 23 cm
272 páginas

SÉRIE REFLEXÕES DIÁRIAS

PARA SENTIR DEUS

Nos momentos atuais da humanidade sentimos extrema necessidade da presença de Deus. Ermance Dufaux resgata, para cada um, múltiplas formas de contato com Ele, de como senti-Lo em nossas vidas, nas circunstâncias que nos cercam e nos semelhantes que dividem conosco a jornada reencarnatória. Ver, ouvir e sentir Deus em tudo e em todos.

Wanderley Oliveira | Ermance Dufaux
11 x 15,5 cm
133 páginas
Somente ebook

LIÇÕES PARA O AUTOAMOR

Mensagens de estímulo na conquista do perdão, da aceitação e do amor a si mesmo. Um convite à maravilhosa jornada do autoconhecimento que nos conduzirá a tomar posse de nossa herança divina.

Wanderley Oliveira | Ermance Dufaux
11 x 15,5 cm
128 páginas
Somente ebook

RECEITAS PARA A ALMA

Mensagens de conforto e esperança, com pequenos lembretes sobre a aplicação do Evangelho para o dia a dia. Um conjunto de propostas que se constituem em verdadeiros remédios para nossas almas.

Wanderley Oliveira | Ermance Dufaux
11 x 15,5 cm
146 páginas
Somente ebook

SÉRIE REGENERAÇÃO

FUTURO ESPIRITUAL DA TERRA

As necessidades, as estruturas perispirituais e neuropsíquicas, o trabalho, o tempo, as características sociais e os próprios recursos de natureza material se tornarão bem mais sutis. O futuro já está em construção e André Luiz, através da psicografia de Samuel Gomes, conta como será o Futuro Espiritual da Terra.

Samuel Gomes | André Luiz
16 x 23 cm
344 páginas

XEQUE-MATE NAS SOMBRAS - A VITÓRIA DA LUZ

André Luiz traz notícias das atividades que as colônias espirituais, ao redor da Terra, estão realizando para resgatar os espíritos que se encontram perdidos nas trevas e conduzi-los a passar por um filtro de valores, seja para receberem recursos visando a melhorar suas qualidades morais – se tiverem condições de continuar no orbe – seja para encaminhá-los ao degredo planetário.

Samuel Gomes | André Luiz
16 x 23 cm
212 páginas

A DECISÃO - CRISTOS PLANETÁRIOS DEFINEM O FUTURO ESPIRITUAL DA TERRA

"Os Cristos Planetários do Sistema Solar e de outros sistemas se encontram para decidir sobre o futuro da Terra na sua fase de regeneração. Numa reunião que pode ser considerada, na atualidade, uma das mais importantes para a humanidade terrestre, Jesus faz um pronunciamento direto sobre as diretrizes estabelecidas por Ele para este período."

Samuel Gomes | André Luiz e Chico Xavier
16 x 23 cm
210 páginas

 ## SÉRIE ROMANCE MEDIÚNICO

OS DRAGÕES - O DIAMANTE NO LODO NÃO DEIXA DE SER DIAMANTE

Um relato leve e comovente sobre nossos vínculos com os grupos de espíritos que integram as organizações do mal no submundo astral.

Wanderley Oliveira | Maria Modesto Cravo
16 x 23cm
522 páginas

LÍRIOS DE ESPERANÇA

Ermance Dufaux alerta os espíritas e lidadores do bem de um modo geral, para as responsabilidades urgentes da renovação interior e da prática do amor neste momento de transição evolutiva, através de novos modelos de relação, como orientam os benfeitores espirituais.

Wanderley Oliveira | Ermance Dufaux
16 x 23 cm
508 páginas

AMOR ALÉM DE TUDO

Regras para seguir e rótulos para sustentar. Até quando viveremos sob o peso dessas ilusões? Nessa obra reveladora, Dr. Inácio Ferreira nos convida a conhecer a verdade acima das aparências. Um novo caminho para aqueles que buscam respeito às diferenças e o AMOR ALÉM DE TUDO.

Wanderley Oliveira | Inácio Ferreira
16 x 23 cm
252 páginas

ABRAÇO DE PAI JOÃO

Pai João de Angola retorna com conceitos simples e práticos, sobre os problemas gerados pela carência afetiva. Um romance com casos repletos de lutas, desafios e superações. Esperança para que permaneçamos no processo de resgate das potências divinas de nosso espírito.

Wanderley Oliveira | Pai João de Angola
16 x 23 cm
224 páginas

UM ENCONTRO COM PAI JOÃO

A obra também fala do valor de uma terapia, da necessidade do autoconhecimento, dos tipos de casamentos programados antes do reencarne, dos processos obsessivos de variados graus e do amparo de Deus para nossas vidas por meio dos amigos espirituais e seus trabalhadores encarnados. Narra também em detalhes a dinâmica das atividades socorristas do centro espírita.

Wanderley Oliveira | Pai João de Angola
16 x 23 cm
220 páginas

O LADO OCULTO DA TRANSIÇÃO PLANETÁRIA

O espírito Maria Modesto Cravo aborda os bastidores da transição planetária com casos conectados ao astral da Terra.

Wanderley Oliveira | Maria Modesto Cravo
16 x 23 cm
288 páginas

PERDÃO - A CHAVE PARA A LIBERDADE

Neste romance revelador, conhecemos Onofre, um pai que enfrenta a perda de seu único filho com apenas oito anos de idade. Diante do luto e diversas frustrações, um processo desafiador de autoconhecimento o convida a enxergar a vida com um novo olhar. Será essa a chave para a sua libertação?

Adriana Machado | Ezequiel
14 x 21 cm
288 páginas

e-book

1/3 DA VIDA - ENQUANTO O CORPO DORME A ALMA DESPERTA

A atividade noturna fora da matéria representa um terço da vida no corpo físico, e é considerada por nós como o período mais rico em espiritualidade, oportunidade e esperança.

Wanderley Oliveira | Ermance Dufaux
16 x 23 cm
279 páginas

e-book

NEM TUDO É CARMA, MAS TUDO É ESCOLHA

Somos todos agentes ativos das experiências que vivenciamos e não há injustiças ou acasos em cada um dos aprendizados.

Adriana Machado | Ezequiel
16 x 23 cm
536 páginas

e-book

RETRATOS DA VIDA - AS CONSEQUÊNCIAS DO DESCOMPROMETIMENTO AFETIVO

Túlio costumava abstrair-se da realidade, sempre se imaginando pintando um quadro; mais especificamente pintando o rosto de uma mulher.
Vivendo com Dora um casamento já frio e distante, uma terrível e insuportável dor se abate sobre sua vida. A dor era tanta que Túlio precisou buscar dentro de sua alma uma resposta para todas as suas angústias..

Clotilde Fascioni
16 x 23 cm
175 páginas

O PREÇO DE UM PERDÃO - AS VIDAS DE DANIEL

Daniel se apaixona perdidamente e, por várias vidas, é capaz de fazer qualquer coisa para alcançar o objetivo de concretizar o seu amor. Mas suas atitudes, por mais verdadeiras que sejam, o afastam cada vez mais desse objetivo. É quando a vida o para.

André Figueiredo e Fernanda Sicuro | Espírito Bruno
16 x 23 cm
333 páginas

LIVROS QUE TRANSFORMAM VIDAS!

Acompanhe nossas redes sociais

(lançamentos, conteúdos e promoções)

- @editoradufaux
- facebook.com/EditoraDufaux
- youtube.com/user/EditoraDufaux

Conheça nosso catálogo e mais sobre nossa editora. Acesse os nossos sites

Loja Virtual

- www.dufaux.com.br

eBooks, conteúdos gratuitos e muito mais

- www.editoradufaux.com.br

Entre em contato com a gente.

Use os nossos canais de atendimento

- (31) 99193-2230
- (31) 3347-1531
- www.dufaux.com.br/contato
- sac@editoradufaux.com.br
- Rua Contria, 759 | Alto Barroca | CEP 30431-028 | Belo Horizonte | MG